图书馆资源建设与管理工作研究

颜琛 刘春雨 张璐璐 ◎著

LIBRARY

中国出版集团
中译出版社

图书在版编目（CIP）数据

图书馆资源建设与管理工作研究／颜琛，刘春雨，张璐璐著. -- 北京：中译出版社，2024. 5. -- ISBN 978-7-5001-7972-6

Ⅰ. G251

中国国家版本馆 CIP 数据核字第 2024YU4965 号

图书馆资源建设与管理工作研究

TUSHUGUAN ZIYUAN JIANSHE YU GUANLI GONGZUO YANJIU

著　者：颜　琛　刘春雨　张璐璐
策划编辑：于　宇
责任编辑：于　宇
文字编辑：田玉肖
营销编辑：马　萱　钟筱童
出版发行：中译出版社
地　址：北京市西城区新街口外大街 28 号 102 号楼 4 层
电　话：（010）68002494（编辑部）
邮　编：100088
电子邮箱：book@ctph. com. cn
网　址：http://www. ctph. com. cn

印　刷：北京四海锦诚印刷技术有限公司
经　销：新华书店
规　格：710 mm×1000 mm　1/16
印　张：12. 5
字　数：200 千字
版　次：2025 年 3 月第 1 版
印　次：2025 年 3 月第 1 次印刷

ISBN 978-7-5001-7972-6　　定价：68. 00 元

前　言

随着科学技术的不断发展，图书馆将进入数字图书馆时代。有专家曾预言，图书馆可能完全消失，但是，图书馆是否将会消亡？图书馆的发展是否已到了足以否定自身的阶段？历史形态的变迁从来不是这样简单否定的。知识经济社会是需要图书馆的，知识经济的发展必然推动图书馆事业的发展。

本书属于高校图书馆信息资源方面的著作，从高校图书馆信息资源建设的采访工作介绍入手，针对高校图书馆信息资源建设的组织管理、高校图书馆信息资源保障体系建设进行了分析研究；也对高校图书馆信息资源的共建共享、高校图书馆信息资源管理做了一定的介绍；还对高校图书馆管理创新进行了研究。全书以高校图书馆信息资源为核心，对信息资源的采访、管理及建设体系等做了详细阐述。

全书力求结构紧凑，内容充实，希望对图书馆学教学、理论研究和图书馆实际工作都具有一定的参考价值，适合图书馆理论研究人员、图书馆管理人员、图书馆实际工作人员及专业师生阅读参考。

本书参考了大量的相关文献资料，借鉴、引用了诸多专家、学者和教师的研究成果，其主要来源已在参考文献中列出，如有个别遗漏，恳请作者谅解并及时和我们联系。本书写作得到很多专家学者的支持和帮助，在此深表谢意。由于笔者能力有限，时间仓促，虽极力丰富本书内容，力求著作的完美无瑕，且经多次修改，仍难免有不妥与遗漏之处，恳请专家和读者指正。

作者

2024 年 2 月

目　录

第一章 高校图书馆信息资源建设的采访工作

第一节 信息资源采访和文献采访概述

一、信息资源采访

（一）信息资源采访的研究内容

图书馆信息资源采访的目标是根据图书馆的性质、任务、用户需求、馆藏特色和经费状况，建立可利用的馆藏信息资源体系。要建立一个满足用户需求的优质馆藏，就要在调查评价馆藏现状和用户需求的基础上，进行信息资源采访工作的总体规划，确定馆藏发展政策，制定采访方针、原则和标准。同时，掌握信息资源出版与发行状况，按照信息资源采访的理论和方法，通过有组织的搜集、选择、采集和获取等方式，建立实体馆藏和虚拟馆藏有机协调、优势互补的馆藏体系。由此可见，信息资源采访的研究内容主要包括信息资源采访基本理论研究、信息资源采访依据研究、信息资源采访技术方法研究、信息资源采访工作组织模式研究、信息资源采访质量控制与评价研究、信息资源采访人员研究六方面。

1. 信息资源采访基本理论研究

信息资源采访理论伴随着图书馆的采访工作而产生，是各个时期信息资源采访工作实践和经验的概括和总结，是一般经验的提炼和升华。信息资源采访所涉及的基本理论，不仅包括"求书八法""购书三术""鉴书五法"、价值论、需要论等各种选书理论和采访思想，还包括指导信息资源采访工作开展的各种信息资源建设理论和基本理念，如藏书控制理论、信息资源评价和协调理论等。

2. 信息资源采访依据研究

信息资源采访必须依据图书馆信息资源的长期发展策略和实施规范，依据所服务对象的信息需求、信息资源的出版发行情况、对现有馆藏的评估结果来开展业务活动。具体依据包括馆藏的性质、范围、发展目标和任务；信息资源采访方针、原则和标准，特别是各类型出版物和各学科信息资源的采选原则和标准；所服务机构和读者信息需求的调研分析和实施方案，读者推荐采购资料信息的收集与整理；对国内外信息资源出版方式、出版结构、出版信息、出版分布的分析与评价，对国内外信息资源发行方式、发行渠道的分析和评价；对现有馆藏状况和未来发展，以及采访工作的分析与评价等。

3. 信息资源采访技术方法研究

信息资源采访的技术方法是开展信息资源采访工作、建设馆藏信息资源体系的基本手段。包括信息资源采访的方法与流程，文献信息资源的收集方法，文献集中采购、征集、呈缴、调拨、赠送、交换等馆藏采集途径，合作采访与资源共享，文献采访工作自动化、网络化和新技术应用，文献采访与公共关系维护等。

4. 信息资源采访工作组织模式研究

信息资源采访工作组织模式包括图书馆采访机构的设置形式和采访业务的组织模式两大部分。在采访机构设置方面，有单独设立文献采访部门，全面负责图书、期刊、数据库的采访工作；文献采访与编目合为一个部门；图书采访与期刊、数据库采访分别由不同部门管理；总馆馆藏发展部门和学科分馆共同承担采选任务等多种形式。在采访业务组织方面，有按文献类型组织文献采选工作和按学科分工组织信息资源建设的区别；在选书组织方面，有的组织专职采访馆员队伍承担全部馆藏发展任务，有的成立文献资源采访工作委员会和吸收图书馆读者参与选书，有的大力发展读者需求驱动采购模式主要依靠读者进行选书。

5. 信息资源采访质量控制与评价研究

高校图书馆信息资源采访质量的形成是一个有序的系统过程，需要依据学校的教学科研需求和馆藏发展需要，从读者需求、信息资源出版、发行、采集过程及馆藏利用评价等环节进行质量跟踪、控制和评价，使信息资源采访各个环节处于受控状态，保证采访工作的顺利进行和良性循环，保证馆藏发展目标的实现和馆藏体系质量的提升。

6. 信息资源采访人员研究

信息资源采访人员，是图书馆信息资源采访任务的直接承担者和信息资源建设工作开展的关键要素。为了高效地开展信息资源采访工作和建设高质量的馆藏体系，图书馆必须培养和拥有一批具备较高素质和能力的信息资源采访队伍，担负起优质馆藏建设的重任。21世纪信息资源采访人员素质要求，主要包括信息素质、知识素质、业务素质、道德素质、法律素质和公共关系素质等各个层面。

（二）信息资源采访的基本任务

1. 加强馆藏发展政策研究和编制

馆藏发展政策是图书馆以书面形式系统地确定本馆信息资源的长期发展策略及具体实施规范的纲领性文件，它界定了馆藏的性质、范围、发展目标和任务，明确了参与信息资源建设各方的责任与分工，明确了信息资源采选的原则、标准和优先顺序以保证信息资源发展的一致性与平衡性，为图书馆规划信息资源发展、合理安排购书经费提供了基本依据，成为图书馆采访人员从事采访工作的指导文本和培训手册。因此，科学合理的馆藏发展政策是图书馆做好信息资源采访工作的基本保证。特别是在网络环境下，信息资源的类型和信息传播的途径发展迅速，加强馆藏信息资源发展政策的研究，制定涵盖纸本文献和数字资源的系统全面的馆藏发展政策，对于新信息环境下顺利开展信息资源采访工作尤为重要。

2. 建设合理的馆藏信息资源体系

信息资源采访工作的首要任务，就是按照一定的原则和标准，为图书馆合理配置实体文献资源和虚拟网络资源，建立实体馆藏和虚拟馆藏协调互补的复合资源体系，形成图书、期刊、电子出版物、数据库和网络信息资源多元一体的馆藏格局。通过实体馆藏之间、虚拟馆藏之间及实体馆藏与虚拟馆藏之间的统筹规划、合理配置、有机结合和互相补充，实现图书馆信息资源体系的结构优化和整体效益的发挥。

3. 建设图书馆的特色资源

开展特色资源建设，形成特色鲜明的馆藏体系，是图书馆信息资源采访工作的目标任务之一，也是衡量图书馆信息资源建设水平的标志之一。特色馆藏建设是一项计划性强、周期长、繁杂的系统工程，图书馆应根据所在地区的历史、地理、政治、经济和科学文化发展的显著特点，根据本单位馆藏基础、特色和发展规划，根据文献资源保障中心的分工安排等实际情况，选择与突出某一方面的专业文献或专题文献作为馆藏特色，集中人、财、物等有利条件，综合运用各种建设途径和方法，建设本馆特色资源体系和开展特色服务。

4. 推进采访协作与资源共建共享

随着文献信息总量的不断增加，加强采访协作，推进协调采购，促进信息资源共建共享，实现信息资源共同保障，已成为图书馆界的研究热点和衡量图书馆事业发展水平的重要标志。图书馆信息资源建设和服务的目标已由传统的提供给读者馆藏文献向帮助用户获取馆内外信息资源转变，通过拥有与存取并重、实体馆藏与虚拟馆藏协调、馆内资源与馆外资源互补的发展模式，促进图书馆馆藏体系和保障体系的最优化。这要求图书馆不仅要积极参与全国性、区域性或行业性的信息资源建设协作，还要加强本馆特色资源体系的建设，从而发挥图书馆的整体规模效应和优势互补功能，提高信息资源的社会保障率。

二、文献采访

（一） 文献采访的定义

用文献采访这一概念来反映图书馆文献采访工作这一现象，必须面对三个问题：一是文献采访一词能否统括现行的各种说法；二是文献采访是否与图书馆其他专业术语相抵触；三是文献采访一词的准确定义是什么。

从现行关于文献采访这一现象的各种说法，如藏书补充、选书与采访、图书馆采访、文献收集、文献采访等比较来看，"文献采访"一词能够涵盖其他说法。首先，图书馆采访工作的对象已不是单一的图书，而是各种文献、图书文献中的一种。其次，根据汉语词典的解释，"采访"一词具有选择、搜集、寻访、收取等含义，因而采访一词可以包含文献的选择、搜集等意义。最后，在图书馆的行政组织中，文献采访工作是采访部或采访编目部负责实施的。"文献采访"一词与行政管理部门相一致，在图书馆工作中已成常用名词。总之，用文献采访来表述文献采访现象，在当前的各种说法中是优化的，也是合情合理的。

在图书馆学的专业术语中，与文献采访相并列的有文献分类、文献编目、文献流通。文献采访具有明确的专指性，与其他术语不冲突，在使用时也不会产生歧义。

文献采访的定义要简洁、完整、准确地概括和揭示文献采访现象。那么，文献采访这一现象的关键点何在呢？文献采访行为的实现，四个要件必不可少，分别是行为主体、行为目的、行为对象、行为方式。也就是说，文献采访应该问答谁在采访、为何采访、采访什么、怎样采访。

1. 谁在采访——图书馆采访

这就指明了文献采访是图书馆的一项工作，文献采访是图书馆专业名词，文献采访的主体是图书馆。

2. 为何采访——为建立馆藏

这就揭示了文献采访工作的目的。这里强调一个"为"字，是要将采访与馆藏有所区别。文献采访为建立馆藏提供必要的条件，但两者并非完全等同。馆藏的建立还须对采访的文献进行加工、组织、保存和保护等。

3. 采访什么——采访文献

这就指明了文献采访工作的对象是文献。用文献而非出版物来表示采访的对象，一是和"文献采访"一词相吻合，二是更能反映文献采访工作的实际情况，三是更易被非专业人士所理解。

4. 怎样采访——选择、获取等

这就揭示了文献采访工作的方法。用"选择"与"获取"搭配，是因为"选择"含有"觅求""采集""收集"等意义。在采访工作实践中，一般是先选择文献，而后再获取文献。选择是对图书馆需要的文献进行挑选，获取是利用各种方法获得选择的文献。

（二）文献采访能力

图书馆文献采访能力指图书馆采访满足图书馆发展所需文献的能力。图书馆发展的内容是多方面的。一般而言，文献采访对图书馆发展的应有贡献主要表现在三方面：一是通过文献采访工作，使图书馆不断地满足读者对文献信息的需求；二是通过文献采访工作，使图书馆不断地充实和完善馆藏文献结构；三是通过文献采访工作，使图书馆的无形资产随有形资产的积累不断得到提升和增值。能力通常指胜任某项工作和任务所需要的主客观条件。图书馆进行文献采访工作时必须具备一定的采购条件。由于各馆的具体情况或者条件不同，其文献采访能力也不相同。

文献采访能力是图书馆的一项重要指标，它反映着一家图书馆是否有活力，反映着一家图书馆的发展状况。文献采访能力也是一种综合能力，受图书馆内外环境的制约和影响。

1. 经费保障能力

图书馆的文献采访主要是金钱与文献的交换。一定的经费是采访工作得以进行的先决条件。理想化的经费供给是图书馆需要多少就给多少，但这在实际中是办不到的。图书馆的文献资源属于社会资源，其配置受到社会经济、文化、科技、教育等多方面的制约。就目前而言，无论是发展中国家还是发达国家，图书馆获得的投入与图书馆需求之间都有或大或小的差距。考察一家图书馆的经费保障能力需要综合考虑经费供给量、经费来源和经费的使用三方面因素。

（1）经费供给量

一家图书馆的文献购置经费少了自然不好，购置的文献难以满足读者的需求；但过量的购置经费也不好，因为有可能造成资金的浪费。一般来说，判断一家图书馆文献购置经费是否充足多是用比较的方法，如比较本馆历年文献购置经费的供给情况；比较同类型同规模的图书馆经费供给情况；比较书刊历年价格变动情况；比较历年到馆文献数量等。

（2）经费来源

图书馆的经费来源有多种渠道：①政府财政拨款；②主管部门拨款；③社会捐赠，社会捐赠有个人捐赠和社会团体捐赠两种形式；④自筹经费。

图书馆的经费来源确定以后，经费保障能力的考察指标就是经费供给量是否稳定。图书馆的文献购置经费都是按年度拨款，理想的稳定供给是随文献价格涨幅和文献采访数量的增加而稳定增加。然而，由于我国图书馆大多属于各部门所有，文献购置费主要由各主管部门拨给，拨款额没有统一的法规加以规定。虽然各系统图书馆在系统内部产生过一些法规或约定，对本系统图书馆的经费投入做过一些协调和规定，但由于权威性不够，其约束和保障能力很有限。从宏观上看，图书馆的经费供给很不平衡，全国存在着地区差异、行业差异。从微观上看，图书馆经费来源受多种条件的限制，人为因素突出。

经费供给量的不稳定，给文献采访工作带来很大损害。供给量突然减少时，造成文献采访员的减少，损坏馆藏文献建设的连续性和结构完整性；供给量突然增大时，造成文献采访工作质量的降低，使无效采访的文献增加，造成资金的浪费。

（3）经费的使用

考察一家图书馆经费保障能力的另一个重要方面是经费使用的合理性。图书馆采访文献大多不是采访单一类型的文献，而是采访多种类型的文献。这就涉及经费的计划使用，经费对各类型文献的投入比例，以及经费使用的审计和监督等问题。

经费使用状况，各馆因自身的情况有所不同，但总的来看难以令人满意。这主要是因为当前图书馆界消费意识强、效益意识差、服务意识淡和粗放型的经验式管理，经费的下拨和使用都缺少约束机制。有的馆在申报经费时缺乏科学论证，盲目扩大需求；在使用经费时则随意支出，缺乏审计和监督。结果，钱花出去了，文献资源建设却没有多少进展。管理和使用好文献购置经费，把钱用在刀刃上，应加强以下三方面的工作。

第一，科学决策。决策在文献采访过程中非常重要，文献采访过程其实就是不断进行各种决策的过程。文献采访中的决策按照决策先后、决策层次、决策大小可以有不同的划分。但最为重要的决策是文献购置经费的使用和分配。这种决策关系到一家图书馆文献资源建设的发展趋势和文献服务的方向。例如一家图书馆收藏文献以电子出版物为主，那它的文献购置经费将向电子出版物倾斜；一家图书馆收藏文献以纸质文献为主，则它的文献购置经费将主要使用在纸质文献上。

在文献购置经费分配使用决策时，既要关注当前读者的需求，又要考虑图书馆的发展方向。对于加入图书馆网络的还要考虑本馆在网络中的责任。尤其在当前复合式图书馆的建设过程中，要保持和发展本馆的馆藏特色，加强社会文献的保障能力。

第二，合理计划。图书馆的文献购置经费不是一次性用完的，一般是以年度为限，随文献采访的不断进行而不断消费。这就要求图书馆依据文献的出版发行状况，把握好经费的使用月度、季度等计划和安排，以保证文献采访的连续性和经费使用的合理性。对有一定规模的图书馆来说，在制订文献购置经费的使用计划时，应注意几个优先，如连续出版物要优先于非连续性出版物，长效文献要优先于短效文献，重点品种要优先于非重点品种，反映图书馆特色的文献要优先于非特色文献等，要确保本馆文献采访工作的持续性和收藏文献的连续性，避免全年经费半年用完，以及突击采购、突击花费等现象，以保证经费随采访的进行均衡供给。对于重大采访项目或者影响到正常采购状况的经费消耗，可申请专项经费加以解决。

第三，严格审计。图书馆每年的文献购置经费少的几万元、几十万元，多的几百万元、上千万元，这些经费的使用状况如何，效果如何，存在什么问题等，需要通过审计来回答。

2. 管理保障能力

管理指为实现目标而组织和使用各种资源的过程。文献采访是图书馆进行的有目的的活动，它涉及多种因素，如经费、采访人员、出版商、出版物等。文献采访也是一个过程，有多个环节和程序，如检索、采购、验收、报销等。为了实现图书馆文献采访的目的，必须进行有效的管理，通过管理来规范和约束采访行为，提高文献采访的效率。可以说，一家图书馆文献采访能力愈强，其管理保障能力也愈强；管理能力愈差，其文献采访能力也愈差。

图书馆文献采访工作管理涉及许多方面。从宏观来看，除了前面提到的经费管理外，对文献采访能力影响较大的因素是机构与人员、政策与制度和工作环境。

（1）机构与人员

文献采访在图书馆工作中处于龙头性的重要地位。每家图书馆不论大小，都要设立相应的采访工作部门，配备适合的采访工作人员。对于采访工作量大、采访文献品种多、专业性强的图书馆应设立采访委员会—采访部—采访馆员三级管理体制。必要时还应设立文献采访咨询委员会。采访委员会负责全馆采访工作重大问题的决策；采访部负责全馆采访工作的实施；采访馆员负责具体的采访工作。

（2）政策与制度

政策和制度是文献采访工作程序化的重要保障。图书馆的馆藏文献不是散乱无序的堆积，而是有目的的不断增长的有序的文献集合体。馆藏文献建设的目的性、有序性，决定了文献采访的目的性、有序性；也就是说，一家图书馆要搞好馆藏文献建设，首先要明确文献采访的方针和政策。文献采访工作有多道程序，采访者在工作中既接触钱又接触物。要使文献采访工作流程合理，行为规范，就必须制定健全的规章制度。

完善合理的文献采访政策和制度是图书馆文献采访工作科学化、规范化和制度化的必要条件。目前来看，这方面的工作在图书馆采访工作实践中还是很薄弱的。主要表现是：一些图书馆没有一套完整的文献采访政策和制度；一些图书馆由于人员的更替，对已经制定的规章制度既不了解，也不执行；一些图书馆文献采访政策和制度的修订不能与时俱进，不能跟上时代的变化。

(3) 工作环境

文献采访工作与图书馆其他各项工作比较，具有其自身的重要性、复杂性和多样性。说其重要，每年有大量的资金从采访人员的手中支出，大批文献由采访馆员手中采入，资金投入的价值如何，采访馆员的行为都对其起到重要的作用。说其复杂，每一种文献从发行信息的收集到采访进馆，经历了多种决策和多道程序。说其多样，采访者在选择文献时，以学者的角度体现着对知识的把握；在购买文献时，以经营者的角度体现着经营的理念；在与社会各方面的联系中，以社会工作者的态度体现着公关与沟通的技巧。从管理的角度出发，要搞好文献采访工作，不仅需要合理设置采访机构和人员，制定和完善相关的规章制度，而且还需要一个优化的工作环境。

文献采访者的工作环境涉及文献采访活动的各方面，从"以人为本"的管理理念出发。这种环境主要指对文献采访工作者的约束机制和激励机制。对文献采访工作者加强约束是因为他承担的责任和面对的市场条件。文献采访经费是国家、社会对文献资源建设的投资，图书馆文献采访者是这种投资的代表或经办人；同时，文献采访者又是读者群体的代表，采访者要代表读者的利益来采访文献，使这种投资和消费相吻合是采访者应尽的责任。要尽到这种责任，既需要采访者的自觉行为，又需要建立相应的约束机制。建立一套约束机制能够有效提高采访人员的思想、道德水准，提高采访人员的工作能力，规范采访工作的行为。

图书馆对文献采访者行为的约束机制包括：不断地对采访者进行思想道德和职业道德的教育，使采访者牢固树立为读者服务的思想；制定相应的规章制度，如资金支出和报销制度，约束和防范采访者在经济活动中的违规行为；建立文献采访工作的评价体系，促使采访者不断提高自身的采访能力和工作水平等。建立一个有效的激励机制是图书馆优化文献采访工作环境的重要方面。图书馆的各项工作中，文献采访工作有着许多特点，如工作头绪多、涉及面广、随机决策频繁、文献选择的模糊性、工作量的不确定性等。针对采访工作的这些特点，营造一种环境，使采访工作者充分发挥主观能动性，会对图书馆文献采访能力的提高起着积极的作用。

图书馆对文献采访工作的激励机制包括：对采访工作的成绩给予肯定和表扬；对采访工作者的工作条件尽可能加以改善，配置各种必需的文献采访工具，以提高采访工作者的工作效率；对采访人员给予关心，解决采访工作者的后顾之忧等。激励机制要使采访者保持一种积极向上的精神状态，不断提高采访工作水平和采访工作质量。

3. 采访者工作能力

当图书馆的文献采访条件具备一定的水平之后，采访者的工作能力就是关键因素了。图书馆的经费保障能力、管理保障能力是文献采访工作的客观条件，而文献采访者的工作能力则是采访工作的主观条件。只有当主、客观条件同时满足了图书馆文献采访工作的需求，才能体现图书馆具备了较强的文献采访能力。

现代社会，随着知识爆炸和文献载体的多样化，图书馆对文献采访工作的要求越来越高。文献采访工作者必须具备相应的素质和能力，才能适应现代图书馆的要求。对文献采访工作者能力的要求是多方面的，从文献采访工作的专业特性来看，采访工作者应具备以下工作能力。

（1）信息收集能力

文献采访活动是不断决策的过程，每选择一种图书，就是一次决策。要使决策准确有效，就必须掌握相应的足够信息。为此，文献采访工作者的信息收集能力就显得十分重要。文献采访者应掌握的信息主要有三大块，即出版发行信息、读者需求信息和馆藏文献信息。要获取这些信息，采访人员就要走出办公室，到出版发行部门去获取，到读者中去征询，到文献流通部门去了解，到书库去调研。信息获取之后，还要对信息进行分类、筛选、分析、判断，选择真实可靠的信息作为决策的依据。文献采访工作所需的信息是动态的、不断变化的，这就要求采访人员不断提高文献信息收集的能力，进而提高文献采访决策的目的性、准确性，减少盲目性。

（2）知识的理解能力

采访是对文献也就是对知识进行选择，这就要求文献采访者选择文献时，要具备一定的知识和对知识的理解能力。面对迅速发展的科学技术，面对层出不穷的新知识、新观点，文献采访者作为个体，其知识面、知识掌握的深度都是很有限的。为此，文献采访者需要勤于学习，善于学习，不断提高自身的知识理解能力。同时，文献采访者还要善于利用他人的知识来弥补自身的不足，例如选择文献时，对于自己把握不准的东西，应请教专家、学者或读者参考解决。

（3）文献鉴赏能力

文献除了内容之外，其载体多种多样，规格大小不一，装帧和印刷质量各异，这就要求文献采访人员在选择文献时要具备一定的鉴赏能力。图书馆文献采访人员面对的是大量的文献，其操作时间很有限，在选择文献时难以像个人购买者那样仔细和周全，所以，这种鉴赏能力主要表现为对文献质量的把关。当前，出版业在迅速发展的过程中，由于利润的驱使，急功近利者并不鲜见。采访人员要把好质量关，就需要具备辨别文献质量的能力，掌握文献选择的各种技巧。文献鉴赏能力不是生来就有的，需要采访人员去不断地实践、积累和提高。

（4）公关和协作能力

文献采访工作属于外向型工作，与图书馆外部联系较多。要想有一个和谐的工作环境、友善的人际关系，采访人员必须具备一定的公关和协作能力。随着图书馆网络化建设、文献资源的共建共享，对文献采访工作者的活动能力提出了更高的要求。此外，文献采访工作者的采访活动是代表图书馆进行的，采访者作为图书馆的"形象大使"，其公关和协作活动能力对图书馆的形象树立有着重要影响。为此，文献采访工作者应不断提高自身的公关协作能力，以适应工作的需要。

（5）经济运用能力

文献采访是一种经济活动，耗费的是资金和人力。因此，文献采访者的经济运用能力十分重要。尤其是在经费短缺的情况下，采访人员应处处精打细算，用好手中的每一笔资金。当前，文献采访活动中经济运用方面的空间还是不小的，如同类文献的价格差、同种文献不同载体的价格差、同种文献不同装帧形式的价格差，获取方式不同带来的费用效应等。要提高经济运用能力，首先要求文献采访工作者强化自身的风险意识和成本意识，加强工作责任心；其次在工作实践中不断地摸索和总结。

第二节　采访工作的组织、原则和主要内容

一、高校图书馆文献采访工作的组织机构

图书馆的文献采访工作，必须有一定的组织机构做保证。

（一）图书馆文献采访机构的设置

国内外图书馆文献采访机构的设置基本相同，图书馆的文献采访工作一般由一位副馆长主管。文献采访机构的名称最开始称为采访部或采编部，现在多数改为文献资源建设部，主要有四种形式：一是单独设立文献采访部门，全面负责图

书期刊、电子文献的采购、征集、交换等；二是文献采访与分类、编目合为一个部门，但三者各成体系，仍是三条线；三是图书采购、期刊采购、电子文献采购均分开，图书采购归采访部，期刊订购由独立的期刊部负责，电子文献采购归电子资源部；四是纸质采购包括图书采购和期刊采购，归采访部负责，电子文献采购归电子资源部负责。文献采访工作尽管机构设置不尽相同，但采访工作一直是独立的体系、连贯的流水线。一般来说，图书馆文献采访工作中的订购、征集、登记、交换、捐赠等文献采访业务都是由文献采访部门具体负责的。尽管有的图书馆没有设置独立的文献采访部门，而将文献采访与文献分类，编目的工作合并在采编部门，但是在采编部门内，采访与分类、编目的工作仍是分开、各成体系的，采访依然是作为一个独立的主体运行。当然，文献采访的一些业务在具体分工上各图书馆会有所不同，这就造成各图书馆文献采访部门的结构还是有所差异，这种差异主要表现为图书采访、期刊采访与电子文献采访分别设置机构或分属不同部门管理。

在图书馆界，期刊的管理存在着两种显著不同的方式：一种是期刊的订购、交换、登录、借阅等工作都集中到期刊部门；另一种是期刊采访由采访部门统筹，期刊部门只负责期刊的借阅流通。从期刊工作的角度分析，现代科学技术迅速发展，文献老化的半衰期越来越短，期刊工作在图书馆中的地位日益突出。将期刊的订购、交换、登录、借阅都集中到期刊部门，既便于采访人员有的放矢地订购期刊，又有利于期刊的统工管理，是强化期刊工作的最佳方案。从文献采访工作的角度分析，由于文献载体形式多样化，光盘、数据库等电子文献越来越多，且各种形式文献的内容相互重复交叉，而图书馆购置文献的经费又十分紧张，这就要求图书馆的文献采访必须统筹兼顾，将期刊由采访部门集中统一筹划。

电子文献的大量涌现，打破了图书馆文献主要由纸质图书和纸质期刊组成的形势，形成了"三足鼎立"的局面。目前，电子文献的采访同期刊采访同样存在这样的问题，即电子文献的采访归电子资源部负责还是归采访部负责。可以想象，电子文献日益激增，造成图书馆电子文献与图书期刊内容交叉重复的现象日益突出，而图书馆经费又日益紧张的情况下，要求图书馆的图书、期刊及电子文献等其他形式文献的订购都应由采访部门统筹，实现文献采访一体化。只有在采访部门的统筹安排下，文献购置经费才能有效地避免不必要的重复浪费，同时又有益于馆藏文献资源整体结构的合理建设。

（二）建立文献"采访团队"

高校图书馆在实际文献采访中，为了提高文献采访质量，也经常参考馆外专家的建议或组织馆外人员选择文献。组织馆外人员参与文献采访可以采用以下不同的方式。①文献采访由文献采访人员与各院系教师及科研人员分别负责。文献采访人员负责一般教科书、非课程用书、休闲读物等的选择，教师与科研人员则负责教学及研究计划的有关文献，并由文献采访人员负责协调和分配经费。为此，各院系应分别成立选书委员会或小组，图书馆采访人员则应将征订书目等随时发送各院系，充分依靠并发挥专家在文献选择活动中的作用。②在日常的文献采访工作中，将书目目录发送给各院系的采访负责人，征求各院系的意见，最后由图书馆采访部门对各院系圈选的订单负责统一整理，进行订购；同时，图书馆采访人员在各院系订购的基础上，仍然要对订单进行处理，选择适合本馆需要的文献。③每年参加一次或多次图书现采会，组织各院系的教师到图书现采会进行现场采购，增强了采访的力量，也充分发挥专业教师在文献采购方面的能力。④利用学科馆员来加强与各院系的老师与专家的联系，了解教学、科研人员对专业文献信息的需求，把握各专业的发展方向，与采访人员一起完成采访任务，使采访的文献更具有针对性、专业性，提高了文献采访质量。⑤建立以教师和学生为主要参与人的选书团队。通过图书馆自动化管理系统链接书商的电子书目，为读者提供备选资源。

（三）文献采访的合作（跨馆）机构

文献采访的合作（跨馆）机构是在图书馆的馆际合作中产生的，也就是馆与馆之间的协调合作组织。这种机构并不负责图书馆文献采访的具体工作，而是通过一些协调计划和措施，使参加协调计划的图书馆的文献采访工作有所分工，从而实现文献资源共建共享的最终目标。文献采访的合作机构在国内外普遍存在，只是规模大小、层次高低不同。

高校图书馆进行文献协调采购的方式多种多样，有按地区进行的协调采购，有按学科进行的协调采购，也有按其他文献类型进行的协调采购。

第一，按地区进行的文献协调采购。主要是地区高校之间的协调采购，或高校参加本地区的文献协调采购。

第二，按学科进行文献协调采购。

第三，按文献类型进行的协调采购。按文献类型进行的协调采购，又以外文期刊和电子期刊的协调采购为主。

（四）文献采访的组织管理机制

高校图书馆为了保证文献的采访质量，一般都从行政管理上形成分层负责的管理机制。我国高校图书馆一般由图书馆委员会—图书馆馆长—文献资源建设小组—采访主管—具体采访人员组成分层负责制度，配合适当的采访政策、方针，合理分工，以达到采访优良的绩效和成果。

二、高校图书馆文献采访工作的原则

（一）实用性原则

实用性原则指馆藏文献有针对性，讲求实用，符合图书馆的性质与任务，符合读者的需要，符合地区、系统和本单位的实际需要。遵循实用性原则，应尽可能使选购的文献具有实用性，适合图书馆任务和读者需要，确保馆藏有最大利用率。实用性原则是文献采访首要的、基本的原则。实用性原则要求文献采访人员掌握好三方面的问题。

1. 根据图书馆性质和工作任务选书

围绕本校教学与科研进行文献采访工作跟高校图书馆自身的性质和任务紧密相关，即其承担着为学校教学和科研服务的双重职能。这一点就决定了采访工作必须遵循实用性原则，使馆藏结构与学校性质、专业设置、学科建设和具体教学科研内容相吻合，保障教学和科研所需的丰富、系统的文献信息资源。

2. 根据读者需求状况选书

由于高校教育教学的阶段性，比如从大一到大四的年级阶梯性设置和从专本硕博不同层次的专业学历教育的建设等客观存在，所匹配的文献信息资源必须有相对应的馆藏保障。这就要求文献采访的多层次并举，全面准确地了解本馆读者的阅读范围与倾向、动机与目的、利用图书馆的方式等，有针对性地选购适用文献，从而满足不同专业、不同年级、不同层次的学生群体的学习需要。另外，还要满足教职员工的不同专业级别的科研信息资源的需要。

3. 根据文献价值选书

文献有两种价值。一种是文献的内容价值，即文献的学术性、思想性、科学性、艺术性等，它不会因文献的空间位置变化而变化；一种是文献的使用价值，即当该文献被读者使用后而产生的价值，这种价值是随着文献的空间位置变化而变化的。对图书馆来说，主要是要获取文献的使用价值，这种使用价值的获取来自文献内容价值与读者需求的吻合。实用性原则要求馆藏文献选择要密切关注读者利用文献的状况。坚持利用率高的文献多购，利用率低的文献少购。实用性原则要求对读者需求情况的了解和掌握不是抽象而是具体的，不是静态而是动态的。牢牢把握馆藏文献的使用价值，才能紧跟读者需求的变化，较好地满足读者的文献需求。

（二）思想性原则

图书馆是文化阵地，肩负着宣传教育、普及科学知识、提高全民素质的重任。我国高等学校更是肩负着培养德智体美劳全面发展、建设中国特色社会主义接班人的重任，大学生是祖国未来建设的栋梁。因而，高校图书馆要采集代表先进思想、科学和文化的文献资源，用先进的文化引导在校大学生进行健康、文明、向上的阅读，早日走上成才之路。思想性原则要求文献采访人员具有较高的思想政治素质和科学文化素质，具有较强的鉴别能力，能区分先进、正确、积极、健康有益的文献，消除或减少消极文献对大学生的负面影响。

（三）经济性原则

经济性原则是指合理利用有限的购书经费，以达到投入最少、产出最大，即馆藏文献资源体系功能最大、利用率最大的目的。经济性原则就是节约原则。"勤俭办一切事业"是指导文献采访工作的一条重要原则，要求我们在进行文献采访时，精打细算、认真选择，不盲目采购，不错购、漏购、重购，使有限的经费发挥更大的作用。在文献采购中要适当注意品种，减少复本，各类文献的采集要注意比例适当，对高价文献要慎重选购，坚持经济性原则，要结合本馆的具体情况制定必要的、有效的一系列规章、措施。

（四）系统性原则

知识是一个不断发展、分化、交融的体系，知识的产生和发展是一个承前启后、连续相关的过程。知识的连续性、相关性和系统性决定了文献的连续性、相关性和系统性，也决定了读者求知的连续性、相关性和系统性。从满足读者求知的角度出发，馆藏文献必须具有连续性、相关性和系统性；从满足读者发展知识的角度出发，其全面系统地占有文献信息是发展知识的前提和基本要求，这样可以避免重复劳动，凸显发展知识的价值。系统性藏书为图书馆的长期生存和文献的完整保存起到重要作用，成为图书馆藏书区别于其他藏书的重要标志。遵循系统性原则，一是注意重点和特色文献的系统完整，二是连续出版物的系统完整，三是丛书、多卷书、工具书的系统完整。要形成结构合理，有重点、有一般、有比例的馆藏文献体系。

（五）保障性原则

高校图书馆的任务就是为学校教学、科研和大学文化建设提供厚实的文献保障。文献保障分为质的保障和量的保障，质和量是互相依赖、不可分割的，量中包含着质，质中体现着量。在质的保障方面：教学用书应覆盖学校每个专业、每门课程，并且每门课程的教学用书是足量和优质的，以确保教学工作的顺利进行；科研用书应覆盖研究性学科和研究性课题，对于研究性学科（指有研究生学位授予权的学科），其学术性期刊要求连续完整地订购，图书品种拥有量应占该学科图书出版量的65%以上。对于研究性课题，应能够提供查新服务，以保证该课题研究的创新性；在大学文化建设用书方面，要充分体现馆藏文献的层次和品位，要以经典开阔学生的眼界，以学术振奋学生的求知热情。在量的保障方面：生均藏书量100册，年进新书量生均不少于4册；或在校学生数超过3万人的学校，年进新书量超过9万册。各学科核心期刊要连续完整地订购，在图书品种与复本的处理上，做到学生必读书种少册多，学生选读书种多册少，教师用书、工具书种多册少，尽可能做到书尽其用。

（六）学术性原则

高等学校不仅是教育性机构，也是学术性机构，高校图书馆为教学科研的服务是一种学术性服务。其学术性首先体现在馆藏学术文献上。学术性原则要求在馆藏文献选择中关注文献的内容价值，关注文献的学术层次和品位。从利用上看，学术文献关系着学术研究的开展，关系着高层次人才的培养，关系着对大学生学术氛围的熏陶，这种任务和使命使馆藏学术文献价值倍增。在采访学术文献的同时，也赋予高校图书馆做好导读工作的光荣任务，这就要求文献采访人员自身要多读书，读好书，会辨书，能荐书，并借助各种书目和书评，鼓励和引导学生读者去阅读高层次、高品位图书，使学术图书的内容价值转变为使用价值，转变为读者的精神和物质财富。

（七）协调性原则

协调性原则是通过馆际联合采购或地区联合采购等合作方式，对某些学科、某些文种、某些区域的文献进行分工采购，建立一个在某种范围内布局合理、相互依存、资源共享的文献资源保障体系，这是高校图书馆事业生存发展的必然。原因是：①图书馆经费有限，不可能将所有的文献信息搜集齐全，也不可能完全靠自己搜集的文献信息满足师生所有需要；②避免藏书不必要的重复，增加文献品种，节约资金、物力和人力；③为了使图书馆向现代化方向发展，实现更大范围内的资源共享。采购文献分工协调的内容，除了对电子文献、外文书刊和古旧书籍进行分工协调外，还包括书刊交换、调拨及复制等工作。

三、高校图书馆文献采访的主要内容

（一）制订馆藏文献资源建设规划

馆藏文献资源建设是图书馆根据本馆的性质、任务、服务对象、收藏范围等有目的、有计划、系统地规划、选择、收集、组织、管理文献资源，建立具有特定功能的藏书体系的全过程。馆藏文献资源建设规划是图书馆文献资源建设的最高原则或行为指南。它大体包括以下内容。

1. 确定图书馆的性质、任务、方针

高校图书馆的文献资源建设必须从学校的教学和科研的需要出发，结合图书馆的实际情况，本着面向教学、服务科研、保证重点、照顾一般的原则进行馆藏文献建设，尽最大努力满足全校师生对文献的需求。馆藏文献的建设应坚持系统性、针对性、实用性、分工协调和新陈代谢原则，以学校重点学科、重点专业为重点，兼顾全校其他学科、专业，以实际馆藏与虚拟馆藏为依托的有特色的藏书体系。

2. 经费分配政策

确定购书经费的使用原则、目标、方法。随着文献出版形式和信息载体多样化及网络电子信息的出现，如何合理安排各种出版形式、各种信息载体、各语种文献的经费比例，以及协调"网上资源"与"馆藏资源"建设的经费投入，已成为藏书发展政策中迫切需要解决的问题。

3. 藏书发展纲要

这在藏书发展政策制定中难度最大。它首先要求划分藏书的学科范围，制定一个规范统一、详细得当、学科齐全的学科框架一览表，然后根据文献内容的水平及读者的不同需求层次，对各学科范围的文献相应地划分出若干层次的收藏级别，并规定各级别所应达到的收藏目标，再结合文献的语种、初版年代、类型等，设计出一个"藏书结构一览表"，以规划未来藏书的发展。

4. 藏书管理政策

确定有关藏书的加工、整理、保存、传递的标准和工作程序。

5. 合作藏书发展政策

确定合作藏书的目标任务、参加合作馆入藏文献的范围、应该承担的责任、文献的报道和共同利用。

6. 馆际互借与资源共享政策

明确图书馆在馆际互借与资源共享方面的权利与义务、文献传递的方法和程序，通过政策的作用，调节和平衡馆际互借中的利益关系，使参与各馆都受惠。

7. 藏书保护政策

确定藏书保护的原则、藏书保护经费投入、藏书保护的技术标准和措施。

8. 藏书剔除政策

确定藏书剔除的目标和任务、剔除的标准和范围，规定藏书剔除的方法和程序。

馆藏文献建设规划涉及文献采访的许多政策和规定，是文献采访工作的最高原则，对文献采访工作具有宏观性、规范性和预见性的指导作用。

（二）制定文献采访政策

文献采访政策是指图书馆在文献采访工作中为实现采访目的而实行的方针和政策。图书馆的文献采访政策和文献资源建设规划既有联系又有区别。规划是对馆藏文献资源建设整体而言，是图书馆制定的一段时间内馆藏文献资源建设的目标，表现的是宏观性、统筹性和规划性。政策是采访工作落实馆藏文献资源建设规划的具体安排，馆藏文献资源建设规划是制定文献采访政策的依据。高校图书馆文献采访政策应包括如下内容。

1. 文献采访总则

总则主要对本馆的性质与任务、馆藏文献的品种与结构、文献收藏的层次与重点、文献选择的基本原则、文献采访经费来源、经费使用分配原则等，进行说明和规定。

2. 文献采购经费预算方案

文献采购经费，指图书馆用于购置文献的资金。采购经费的预算方案是图书馆对年度文献采购经费所做的整体方案及要求，主要包括各类型文献采访的数量及所需的经费比例、上年度经费的使用情况、本年度经费预算及其可行性分析。

3. 采访文献的结构、类型和级别

考虑图书馆馆藏现状和学校专业设置、学科建设发展需要，对本馆采访文献的结构、类型和级别加以规定，确定哪些学科文献是采访重点、哪些是要全面采访、哪些要适当采访等，采访的文献等级及各类型、各语种文献的品种与数量及它们在本馆藏中所占比例。

4. 文献采访获取方式

对文献的主要获取方式：购买方式（如订购、预订、赊购等）、非购买方式（如呈缴、捐赠、无偿调拨、无偿征集等）、其他方式（如竞拍、交换、附购性呈缴、有偿调拨、有偿征集、复制、自行制作等）进行说明和规定。

5. 文献采访工作程序

文献采访是一个周而复始的过程，涉及文献信息收集、文献信息确认、文献选择、文献获取、文献验收、财务、成果移交与评价等多个环节。

6. 采访部门的管理制度、责任与要求

对文献采访工作的管理制度及采访工作的组织、部门、个人的工作责任和工作要求加以规定。

文献采访政策的制定和出台是时代的产物，随着文献需求环境的变化，文献采访政策也需要与时俱进，进行相应的调整和修订。

（三）建立文献采访管理制度

1. 建立经费管理制度

各馆应根据具体情况制定文献采访经费使用的管理制度，包括各级文献采选人员经费使用权限、经费审批程序、报账方法等。

2. 文献采访工作规范

各馆应根据具体情况制定文献采访工作规范，包括采购方案的设计，采访方式的确定，书商的选择，采访工作流程各环节标准化程度，如采访信息搜集、文献选择、文献查重、文献订购、文献验收的操作规范等。

3. 监督检查办法

监督检查办法包括对文献采购管理采访工作质量、书商的考核办法等。

（四）文献采访工作具体内容

1. 制定采访方针及文献收集标准

采访方针和文献收集标准是文献采访工作的纲领性文件，它为高校文献采访工作指明了工作的方向。一个科学的、系统的、有特色的且能够满足广大师生文献需求的馆藏体系正是在既定的采访方针、计划及文献收集标准的指导下，有计划地逐渐建立起来的。

采访方针和文献收集标准是根据本馆的性质、任务、经费、读者对象等约束条件而制定的。各类型图书馆都有自己独特的任务，有特定的读者对象。高校图书馆的主要任务是为学校的教学与科研服务，而它的读者对象也非常明确，主体是本校的学生及全体教职员工。因此，高校图书馆文献采访的方针及文献收集标准必须围绕着本校的专业设置、学科发展状况和教学任务来展开。

（1）文献采选方针

文献采选方针一般包括总则和细则两部分。总则是对本馆文献资源采选的总任务、总方向、总要求和要达到的总体目标的说明。细则的主要内容应包括以下内容。

第一，文献采选的基本原则。文献采选时应遵循的具体原则，应具有可操作性。

第二，各类型出版物的采选原则。规定不同载体文献的采选原则、采选方法及所占的比例。

第三，各学科文献采选的原则及标准。应区分重点学科和一般学科，并详细地规定各学科文献的选择标准。

第四，采访文献的结构。包括学科结构、等级结构、文种结构、时间结构等。

第五，复本量。规定各类文献每种的采访数量。

第六，文献采访方式及渠道。各类文献的获得方式及管理办法。

第七，文献采购的工作流程。文献采选的工作环节及要求。

第八，文献采访岗位的工作职责及要求。

第九，文献采购经费的管理及使用。主要规定图书馆经费使用的审批程序及使用要求等。

（2）文献选择的标准

文献选择的标准是图书馆根据本馆文献采访方针制定的文献选择标准，应根据本馆的性质、任务、读者对象，并考虑文献的主题内容、文献的责任者、文献的出版者和文献的价格及文种、装帧、出版时间、地域等因素，制定详细、可操作性强的文献选择标准。

2. 编写文献采购经费预算方案

文献采购经费，指图书馆用于购置文献的资金，主要应包括以下内容。

（1）馆藏建设和读者对文献的需求

馆藏建设和读者对文献的需求包括各类型文献采访的数量及所需经费比例，及读者对文献类型、品种数量，文献语种的实际需求。

（2）上年度经费的使用情况

要对以前经费使用中出现的问题做详尽合理的分析。

（3）当前的主要问题

突出图书馆文献资源建设面临的主要问题及所带来的严重后果。

（4）经费预算及其可行性分析

提出的预算要有依据，项目及数字合理准确，具有可行性、可操作性。编制文献采购经费预算方案应遵循实用性原则、实事求是原则、重点突出原则、科学性原则、可行性原则。重点突出年度图书馆文献资源建设的需求和用户对文献资源的实际要求，准确反映图书馆文献采购经费的使用情况。

3. 采访信息收集

（1）关注出版动态，掌握出版与发行信息

收集文献的出版发行信息是了解和掌握文献来源的重要途径，是采访人员选择、评价和订购文献的重要基础，是了解出版社和发行商信息的必要手段，也是采访人员在详细掌握读者需求信息、馆藏信息、资源共享信息和经费保障信息等基础条件之后，进行采购入藏文献的前提条件。出版与发行市场是一个复杂多变的市场，采访人员要时刻了解、熟悉、关注出版与发行市场的变化趋势，准确掌握其瞬息万变的信息。只有对国内外的出版发行动态、图书产品优劣、复杂的发行渠道有所了解，掌握丰富的书源，才能选择优秀文献。

（2）馆藏文献资源调研

馆藏文献资源调研就是对图书馆文献采选、文献入藏及满足读者需求情况进行调查评估的具体过程。通过分析馆藏的优势与不足，为今后馆藏文献资源建设提供科学、合理的依据。工作内容主要包括制定调查方案及调查方法，具体实施，定期检查工作进度，完成馆藏文献资源调查报告。

（3）读者需求的调研

读者需求信息的搜集是文献采选工作的重要内容。通过对读者需求信息的搜集，为馆藏文献资源建设提供准确的参考数据，提高文献采选质量，满足读者的阅读需求。工作内容主要包括制定调查方案及调查方法，具体实施，定期检查工作进度，完成读者需求调查报告。

4. 选择供应商

图书馆的文献主要是与文献供应商以货币的方式交换而获得。在采访工作中，文献供应商（包括新华书店、图书馆专供商、图书批发机构等）的选择非常重要。图书馆选择供应商必须综合考虑各方面的因素，例如信誉、到书率、数据质量、价格、服务、位置等。

5. 规定采访工作流程

根据本馆采访方针、人员条件和具体工作环境，规定采访工作的各项流程，定人定岗定责，按图作业，从而保证采访经费的合理使用。文献采访质量提高，工作高效有序。文献采访工作是有严格的程序及要求的，大体可以分为四个阶段：搜集阶段、订购阶段、验收阶段、登记阶段。

6. 收集反馈信息

图书馆采访人员要注意收集各种反馈信息，包括图书管理部门对图书内容、质量、数量的意见和读者利用情况两方面。图书进入书库流通以后，图书管理人员在管理过程中，能够发现图书的瑕疵，比如相同种类过多、内容重复、复本过多等问题。采访人员要深入这些部门了解情况，及时纠正存在的问题。读者在阅读使用图书过程中，对图书的认识也会有一个综合评价，读者的意见对采访工作同样有重要的参考价值。读者需求方向的变化、需求深度的变化，提示了藏书改变的方向。采访人员可以通过读者个人反馈意见、问卷调查、座谈会、读者协会等途径，从不同角度、不同层次获得读者的意见和建议，读者的意见必须在采访工作环节得到落实。

7. 采访协调

采访协调，即文献合作采访，是指两个或两个以上图书馆，在自愿或约定的基础上，通过分工、协调，各自尽可能将本单位分工负责的有关专业范围内的文献收集得较为齐全、系统；在合作范围内，使各个有关学科的各种类型文献在整体上更加充实、完善，并形成一定特色；避免一般化和不必要的重复、浪费或缺藏，为参与文献合作采访馆的文献资源共享打下坚实的基础，提供最基本的条件。合作采访要具有全局观念，有统一领导机构，要求参加文献合作采访的图书馆必须形成一个整体，把各馆视为其中一个部分；合作采访要求各馆文献采访工作必须标准化和规范化，才能实现真正意义上的区域性的文献资源保障体系，实现资源共享。

8. 采访质量评估

采访质量评估，有采前评估和采后评估两种。采前评估主要通过采访专家委员会对预订书目进行评价。采后评估是对图书流通后，在读者中的利用情况和图书种类分布及它们的内容是否切合实际等进行核实。评估实际上是对采访方针执行情况进行综合分析，检查采访工作效果的一种手段。采访质的评价主要是对所采集的图书文献与读者需要达到共鸣的程度进行评估，这表现在文献借阅的比例、文献内容对读者的帮助、激励读者思维的潜在效用；而采访量的评价主要是看能否满足多层次、多样化读者的需要。采访工作就是要在这种调研评价中不断进行修正，使采访的文献资源一步步达到与读者需求相吻合。因此，可以说，图书采访工作就是这么一个不断地执行、调整、研究的过程。

第三节　印刷型与数字信息资源的采访

一、印刷型信息资源的采访

印刷型信息资源的采访大致可以分为图书采访和期刊采访两种，以下将详细介绍两者的具体内容。

（一）图书采访

1. 图书采访的一般程序

图书采访工作是图书馆的一项技术工作，有严格的程序及要求，程序中各阶段都有具体的内容，彼此间相互衔接，构成有序的流水作业线。

（1）制订采访计划

图书馆图书采访计划是图书馆藏书建设方针的具体体现，不是可有可无的。有计划、连续不断地进行，可以较好地实现图书采集的目标，没有计划，目标是很难实现的；有计划可以避免盲目性，有计划能够合理地使用购书经费，合理地确定各文种、各学科的采购比例，保证图书采集的质量。

（2）选书阶段

选书阶段是订购前的准备阶段，主要有以下三项工作。

第一，主动广泛搜集各种图书征订目录。

第二，根据征订目录反映的图书进行圈选。可以自己圈选，也可送交有关人员协助圈选。

第三，对经过圈选的图书，进行"查重"。查重的工具主要是公务目录和采访部门的图书预订目录（也称预订卡）。

（3）订购阶段

订购阶段主要有以下四项工作：第一，确定复本量；第二，填写订单或委托单，办理审批手续；第三，制作并编排预订目录；第四，寄发订单或委托单。

（4）验收阶段

验收阶段主要有以下四项工作：第一，按收订单通知提取图书；第二，用发票和清单核对图书册数和金额是否相符；第三，抽出预订卡并在预订卡上注记该书已到的标识；第四，应将发票和清单及图书入库单一并找领导签字报账。

（5）登记阶段

加盖馆藏章，打好登录号码，进行图书财产的总括登录和个别登录，然后将这批图书及工作流程作业单移交编目部门。

2. 图书采访的基本方式

图书采访就是社会上不同时期出版发行的图书资料，有计划、有目的地通过各种方式筛选、搜集供读者利用。图书采访的基本方式有如下几种。

（1）预订

这是图书馆图书采访的主要方式。征订目录（预订目录）所收录的图书，均是尚未出版而即将出版的图书，图书馆进行预订就是根据征订目录选择所需要的图书资料。发行单位根据预订要求，有计划地把图书供应给图书馆。实行预订有三点好处：一是选择性强；二是订到率高；三是便于有计划、有目的地进行图书采访。做好预订工作不是一件简单的事情，要做好这项工作，必须达到三个要求：①不错订。凡与本馆方针任务和读者无关的图书资料，绝不能预订。②不漏订。该订的，又有条件订的一定要订，不要漏订。③不重订。要做到图书预订不重复，不仅需要有认真细致的工作态度，而且要建立一套预订目录，这样就可避免重订。有的高校图书馆直接将征订目录的有关款目剪下贴在预订目录卡上，也是一种好的办法。预订目录的排列应按国际标准书号顺序排列，没有国际标准书号的，可按书名顺排。

（2）直接选购

直接选购就是图书馆采访人员直接到书店、出版社或其他售书点选购图书资料。这种方式能获得预订所得不到的图书，如有些发行量小的书，内部发行的图书，古旧图书，地方出版物等均不预订；有些漏订的书，预订不足的书，以及需要临时补配的书，都需要通过到书店、书市、出版社及有关单位直接选购。直接选购有两种方式：一种是在本地区直接选购；另一种是到外地采购。直接选购的好处是能直接鉴别图书，手续简便。这是高校图书馆采购图书的一种辅助性方式。

（3）委托代购

委托代购是指图书馆采访人员委托他人在外地选购所需要的图书资料。委托代购有两种形式：一种是临时性代购，就是委托本校非购书人员带上书目到外地、外单位选购图书；另一种，长期性相互代购，就是委托外地兄弟院校图书馆采访人员按一定书目范围与数量代购当地出版物。

（4）邮购

就是采购人员与新华书店、出版社及其他有关单位邮购部或服务部取得联系，用邮寄方式购买图书资料，这也是一种行之有效的购书方式。邮购的具体方法是：当看到各邮购部发出的图书目录时，便根据本馆任务需要和经费情况，决定是否购买。如确需邮购，应写清楚书名、著译者、定价及邮购册数，对不同版本、装帧和分卷册出版的多卷书还要写明版本、装帧、卷次和册数。同时须写明本馆的详细地址和收书人，以免寄错。邮购图书的书款，一般由银行或邮局汇寄。收书时如发现书款与发票账面不符、书名不符或对方寄错等情况，采访人员应及时向邮购部去信查询，以便及时解决差错问题。

（5）复制

即用复制方法获得复制品，主要用以补充罕缺图书资料，包括绝版书、孤本书、善本书、缺漏的书、其他连续出版物及重要的内容资料等。复制方法有抄录、照相复制、静电复制、录音录像复制等。

（6）交换

图书交换是图书馆之间及图书馆和出版单位、学术团体等有关单位之间互通有无充实本馆图书不足的一种方式。目前交换工作已成为图书采访的一项重要业务。交换除复本图书外，还包括新的出版物；除公开发行的文献以外，还有内部交流的资料；交换的范围在逐渐扩大。开展图书资料的交换工作，应该注意以下事项。

第一，必须选择专业对口的单位建立交换关系，有目的、有计划地进行图书交换。

第二，交换关系应建立在合作、互惠的基础上。对于各图书馆都无用的、内容陈旧过时的及破损缺页的图书资料，不应列为交换品。

第三，交换单位之间应尽量维持平衡关系，无论是计件还是计价，都应力求交换的图书在质量与数量上相当。

（7）赠送

个人或团体、单位向图书馆主动、自愿地赠送图书资料以充实馆藏的方式，它是获得珍贵图书的重要来源之一。赠送图书一般有五种情况：一是一些作家、学者、知名人士及藏书家，将其著作和珍贵图书赠送给有关图书馆；二是国外一些朋友、社会团体、基金会向有关图书馆赠送图书；三是一些出版者将出版物赠送给图书馆，以扩大宣传和流通；四是文献的作者在写作过程中，得到图书馆的帮助，在图书出版后，主动赠送给图书馆以表谢意；五是一些图书馆收到大批赠送图书后，将不适合本馆收藏的或多余的赠书转赠给有关兄弟馆。

（二）期刊采访

1. 期刊采访的一般程序

凡是通过购入方式获得的期刊，一般程序包括以下几项：第一，搜集征订目录，了解出版动态；第二，调查研究需要，建立预订卡；第三，填写订单汇款，办理订购手续；第四，查询提取期刊，做好验收登记工作；第五，查询整理收据，办理结账手续。

关于建立预订卡与结账手续问题，再详细说明如下：期刊预订卡是已订期刊的原始记录和凭证，也叫预订目录。期刊预订卡必须有下列著录项目：题名、刊号、刊期、发行方式、发行地、开户行、账号等。内部期刊必须对发行单位地址著录到最详尽的程度，以便查询，如地址变更要随时更换预订卡。

期刊预订卡的排列有以下几种方法：①中外文期刊分排，然后按刊名的字项或音序排列；②按不同的发行途径排列，同一发行途径再按刊名或刊号排列；③先按分类或分配单位排列，然后区别语种，同一语种的期刊再按刊名排列。以上三种方法，各有长处和不足，采取哪种方法排列期刊预订卡，可因馆制宜。

期刊采访的结账手续并不复杂。结账的凭证是收据，对于收据要注意：第一，有的发行单位往往将收据夹在第一期杂志中邮寄，因此在订购时订购单中不带收据的期刊要在现刊登记卡标有记号，以便收到期刊时查找；第二，有的发行单位用平信寄收据，要注意查收；第三，在 3 个月内未收到收据时，要去函催询，对丢失的收据要索取补据或证明；第四，订购时在订购单上自带的收据，必须与邮汇收据或信汇回单一起报销，以此证明确已汇款，否则时间一长说不清楚；第五，有时发行单位经催询补来的收据是征订单的第一联，而且邮汇收据或信汇回单已报销走账时，要注明何日汇出以便统计人员审计。收到收据后，报账手续要完备，要有经手人、验收人、主管人签字报销。

2. 期刊验收

期刊的验收是对刚进馆的散本现刊进行的查检工作。而期刊的登记则是对陆续到馆的现刊进行的初步登记。期刊的验收与登记标志着期刊采访工作的初步结束。

期刊的验收登记工作必须十分认真，容不得半点马虎，否则会给下一道工序带来麻烦。由于期刊采访的途径不同，所以验收的项目和重点亦不同。

二、数字信息资源的采访

（一）采购方式的采访

1. 电子图书的采访

电子图书的迅速发展对图书馆的馆藏发展提出了新的要求，馆藏资源的载体形式不断从纸质资源向数字资源转化，电子图书正在成为图书馆藏书的重要组成部分。而电子图书的采购直接关系到馆藏质量，并日益成为现代图书馆采购的重点。电子图书采购方式有两种：镜像方式和包库方式。

（1）镜像方式

图书馆引进的电子图书主要为本地存储的镜像方式。各图书馆选择的电子图书中，有的是与本馆纸本书对应的电子书，有的是本馆无对应纸本书的新增图书品种。各馆收藏电子图书的数量，根据馆藏规模等实际情况，几千到几十万种不等。镜像方式是在本地存储充实馆藏，既能满足读者阅读的需求，也能保障电子图书的品种数量。更新方式采取网上定期更新，能减少电子图书的滞后期。

（2）包库方式

近几年图书馆购买电子图书有采用包库方式购买的。这种方式的特点是图书品种多，阅读和部分阅读及可传递的电子图书品种总量可达上百万种，补充了纸本馆藏品种及复本数量的不足。包库方式支持不限量的在线阅读，很大程度上解决了纸本复本量不足的问题。在资源采购资金不足的情况下，包库采购的方式较为合理，年资金使用量小，在有限的资金下保障电子图书的品种数量，有些电子图书包库只能满足读者在线阅读的需求，下载阅读受限。

2. 期刊数据库的采访

目前，各图书馆尤其是高校图书馆，购置期刊数据库的经费在文献经费支出中所占的比例呈逐年上升的趋势，期刊数据库已经成为图书馆馆藏文献资源的重要组成部分，也是衡量图书馆现代化水平的重要指标之一。在文献经费紧张和需求扩张的双重压力下，图书馆需要科学合理地评价数据库的优劣，科学合理地分配和使用有限的文献采购经费，优化信息资源配置，才能最大限度地满足读者广泛的信息需求，建设具有特色的馆藏文献结构。期刊数据库的采购模式主要有三种：单馆采购、联盟采购和集团采购。

（1）单馆采购

这种采购方式通常指各图书馆作为独立的用户独自与数据库制造商或代理商进行谈判，签订协议购买所需数据库。采取这种方式采购的通常是价格不高但利用率较高的数据库，以国内的中文数据库居多，如 CNKI 系列数据库、万方数据资源等。这些数据库里面又分不同的子库或专辑，可以根据读者的需求和本馆文献资源建设的需要选择重点的子库或专辑购买。

（2）联盟采购

在数字资源快速增长而购置经费短缺的情况下，许多图书馆基于资源共享、互惠互利的目的结成同盟来进行密切的馆际合作，采用联盟采购的模式采购电子资源。参加图书馆联盟采购有很多好处，可以通过联盟的影响力和成员馆的凝聚力，以组织的形式给数据库商施加压力，以降低电子资源的采购价格；通过分摊，增强电子资源购买力，共同拥有电子数据库的使用权，以扩大可用的电子资源；建立基于协议标准的馆际互借和文献传递系统；便于构建统一的检索系统，为用户提供基于异构系统的资源跨库检索服务；各馆分工保存电子资源，可以节省存储空间。

（3）集团采购

集团采购与联盟采购类似，只不过集团的组织形式与联盟相比更加稳定、组织制度更加健全。集团采购分为全国集团、地区集团和省集团三种类型。各图书馆可根据自身馆藏体系建设目标、网络条件和经费情况等自由选择参加或不参加。

（二）非采购方式的采访

常见数字资源的获取除了采购以外，还有受缴、数字化、导航、交换、受赠几种形式。

1. 受缴

目前，权威级受缴图书馆就是国家图书馆，其他图书馆不能通过受缴形式获取数字资源，只有国家图书馆享有免费接受出版单位呈缴的电子出版物和音像资料样品的权利。因此，实体类的电子出版物和音像资料的受缴就成为国家图书馆进行数字资源建设的主要途径。目前国家图书馆超过 70% 的实体型中文电子出版物和音像资料是通过受缴收集的。

2. 数字化

文献数字化是图书馆获取数字资源的重要手段，也是高校图书馆数字信息资源采访的重要方式，其目的是实现传统资源的广泛存取和保存保护。文献数字化不是简单的数字化复制，而是通过数字化方式对图书馆馆藏进行系统整理、深度加工、精细标引和知识组织的过程，是对传统文献内容的增值。因此，文献数字化的核心不在于技术，而在于知识组织和管理。图书馆可以根据本馆馆藏情况，选取特色有价值的文献进行数字化加工，获取数字资源。

3. 导航

导航是图书馆获取数字资源的辅助途径。互联网上免费的和开放存取的数字资源，如学术搜索引擎、学科门户、开放存取资源，已成为广大用户不可或缺的科研工具和信息来源，具有较高的学术参考和利用价值。图书馆需要将这些数字资源进行有效组织和整合，与其他馆藏资源一起给图书馆用户提供一个完整的信息空间，建立专题导航。

4. 交换

交换也是图书馆进行数字资源建设的辅助途径，是图书馆间或图书馆与其他文献收藏机构间相互交换文献、互通有无、丰富馆藏的一种方式。图书馆通过交换有时可以得到无法采购到的资源品种。交换分为直接交换和间接交换、国内交换和国际交换。

5. 受赠

捐赠指个人、机构或社会团体主动地向图书馆赠送文献的方式，它是图书馆获得珍贵文献的一种重要方式，但对于数字资源来讲，受赠也只是一种辅助途径。某些数字资源出版商或供应商为推广其核心产品，有时会将赠送作为一种促销的手段。

第二章　高校图书馆信息资源建设的组织管理

第一节　高校图书馆信息资源建设的组织管理概述

一、信息资源组织管理的概念和意义

(一) 信息资源组织管理的概念

信息资源组织管理，就是图书馆对所收集的信息进行有序化与优质化组织，即按照一定的要求采用一定的科学规则和方法，通过对信息外在特征和内容特征的表述和排序，从而实现无序的信息流向有序的信息流的有机转换，使信息的集合达到有机的组合、科学的排序和有效流通，促进用户对信息的有效利用和获取。也就是以现代技术为手段，对信息资源进行计划、组织、调控的活动过程。

(二) 信息资源组织管理的意义

图书馆收藏了大量的多样化信息资源，虽然拓展了用户选取信息的时空，在很大程度上满足了用户对信息需求的意愿，但这些多样化的信息对用户利用信息又造成了新的困难。不同的信息系统所依赖的技术环境不同，造成检索方法、检索界面的复杂性、差异性，要求用户要掌握多种检索方法，增加了信息查询的难度；不同类型、载体的信息缺乏必要的联系，造成用户查找、检索的困难和时间的浪费；不同来源的信息资源不可避免地出现重复、冗余，影响了用户对信息查询的准确率；不同载体形态的信息资源之间缺乏关联，影响了信息查询的查全率。

图书馆对入藏的信息资源进行科学合理的整合，使重复、冗余的信息被剔除掉；使分散无序的信息资源有序化；使纷繁复杂的查找方式、检索界面得到

统一，从而使用户轻松地获取所需的信息；使各类型、各载体信息分布规律化。因此，图书馆对入藏的信息资源进行科学合理的整合，是十分必要的。现代图书馆无论在管理观念上，还是在服务的技术手段上，都比传统的图书馆更重视也有条件从事信息资源的开发利用，图书馆员提供的不再是被动的服务和简单的文献保存与传递工作，而应当成为信息的管理者和导航员。其首要任务就是通过对不同类型、不同载体的信息的有序化、优化整合，为用户在信息海洋中寻求知识提供帮助，甚至直接提供知识，增强信息资源的活性与利用价值，进而通过对信息的分析、研究，把研究成果提供给社会，从而实现信息的增值。

二、信息资源组织管理的原理

指导信息资源组织与管理的基本原理主要有系统原理和控制理论。

（一）系统原理

系统原理是现代图书馆信息资源建设的重要指导思想，并在信息资源组织管理的有序化阶段，发挥着重要的指导作用。系统论认为，系统是由多个相互联系、相互制约的要素所构成的有机整体，并按照目的性原则、整体性原则、层次性原则、有序性原则、联系性原则运行。图书馆馆藏也是一个系统，是一个由相互联系的多种不同成分的信息资源组成的一个具有特定功能的有机整体。尤其是在现代图书馆信息资源组织管理中，印刷型信息资源与数字信息资源长期并存互补，现实馆藏与虚拟馆藏又各自独立。如何按照图书馆信息资源建设的整体目标形成完整统一的信息资源体系，则是图书馆信息资源组织管理的一项长期任务。所以，网络环境下的馆藏信息资源的组织就应充分运用系统原理，正确处理好各种信息资源之间的关系，在有效保存和利用印刷型信息资源的同时，强化数字信息资源的收藏与组织，相互补充，适度并存。在处理现实馆藏与虚拟馆藏的关系时，既不能排斥虚拟馆藏，也不能过分依赖虚拟馆藏。所以，馆藏信息资源的组织管理，就是借助于系统原理对馆藏信息资源进行科学、合理的空间组合，充分发挥馆藏信息资源系统功能的活动过程。

（二）控制原理

控制原理是控制论的理论核心。在控制过程中，控制者通过对系统不断施加作用和影响来达到系统预定的运行目标，而系统则在不断适应运行目标的过程中及时反馈各种信息，使控制者纠正偏差，确保目标的实现。控制原理和系统原理有着内在的联系，如果说控制原理是解决系统运行状态和规律问题的理论基础的话，那么系统原理是解决系统自身组织层次问题的理论基础。

一个最佳的馆藏信息资源系统，不仅能够将系统内的各要素进行有机结合，合理周转和运行，而且还应具有不断自我调节和与时俱进的功能。这些功能的实现都有赖于控制原理的指导和运用。馆藏信息资源管理的目的是优化馆藏信息资源结构，完善信息资源体系的调节与控制功能，并达到最佳的运行状态，从而使馆藏信息资源不断适应社会发展的需要，最大限度地满足社会信息需求。在图书馆信息资源组织管理中如何建立控制与协调机制，实现信息资源体系的结构优化和布局的整体性目标，是馆藏信息资源组织与管理的重中之重。

馆藏信息资源组织与管理是辩证统一的整体，馆藏信息资源的组织是信息资源建设的基础性工作，是将馆藏信息资源由分散变整体、由孤立变系统的过程；而馆藏信息资源的管理则是在有序化的基础上，针对某种目的，依照结构功能优化原理对信息资源结构进行优化的过程，它是信息资源有序化的继续与升华。馆藏信息资源组织管理是图书馆实现信息资源社会利用最重要的条件之一，是实现信息资源不断增值、提高社会价值的主要依据。

三、信息资源组织管理的内容

信息资源组织管理大体涉及三个层面的内容。

（一）信息资源布局结构的规划与组织

信息资源体系结构的规划是图书馆信息资源开发利用的关键和核心问题。发挥馆藏信息资源的作用，最大限度地满足图书馆读者不断变化的信息需求，是对信息资源组织管理的具体要求。信息资源布局的结构直接影响着图书馆服务的保障能力。信息资源布局结构规划的目标是将相对有限的信息资源组织成为一个具有科学层次结构和合理空间布局的网络系统和保障体系。它需要解决四方面的问题：①选择什么样的模式组织馆藏信息资源；②选择什么样的思路保证馆藏信息资源的持续发展；③选择什么样的方式序化馆藏信息资源；④选择什么样的策略提供读者利用。

为实现这一目标，图书馆信息资源的组织与管理应做到：在空间区域上，以馆藏信息资源的学科分布为主线，将各种载体的信息资源与读者的信息需求有机结合起来，形成不同的信息资源利用空间；在时间范围上，充分反映和有效组织不同时期人类文化知识成果，传承历史，延续人类文明的发展脉络；在数量发展上，强调存量与增量的配置，品种与复本的关系处理，各种载体形态的信息资源相互补充。力图通过对信息资源组织结构层次规划和研究，建立最优化的馆藏信息资源组织模式，形成结构合理的信息资源保障格局。

（二）信息资源的序化和管理

信息资源的序化和管理是图书馆信息资源组织管理基础性的工作内容，是在信息资源布局结构规划的指导下所开展的具体活动，目的在于保持图书馆信息资源体系的层次性、有序性及有效性。

信息资源序化和管理包括信息资源的组织与排架、信息资源的复选与剔除、信息资源的保存与保护等工作内容。信息资源的组织与排架是按照一定的排列方式对图书馆已加工处理的信息资源进行的再序化，以确定信息资源准确位置的过程；信息资源的复选与剔除是对图书馆信息资源内容进行的再筛选，以优化馆藏结构，节省馆藏空间，增加馆藏信息资源体系活力的过程；而信息资源的保存与保护则是对馆藏信息资源的载体形态的维护和修复、延长信息资源使用寿命的过程。可以看出，馆藏信息资源的序化和管理是一个建立信息资源流通渠道的完整过程，其畅通与否直接影响图书馆读者对信息资源的利用效率，影响信息资源体系利用的质量。

（三）信息资源评估活动的组织

信息资源的评价是图书馆信息资源建设中的重要内容，也是信息资源组织管理工作的最后一个重要环节。信息资源体系评价活动是对信息资源组织管理工作进行的全面检验，也是对信息资源体系运行状态进行的目标校正和信息反馈。它通过运用各种定性的和定量的方法，对信息资源体系的结构和功能进行检测，找出既定目标与实际效果之间的差异，为完善信息资源体系的功能，优化图书馆信息资源体系结构，提高图书馆服务能力提供可靠的依据。

信息资源评价的对象是信息资源，包括传统馆藏信息资源中的印刷型文献和少量的缩微文献、声像资料、机读资料和光盘，以及数字馆藏中的各种电子文献和数据库，同时还包括以联机数据库和网络信息资源为主的虚拟馆藏。因此，对馆藏信息资源质量评价的内容应充分体现其整体性，不仅要对图书馆的馆藏能力及馆藏建设的系统运行状态进行全面的衡量，实施总体控制与调节，而且还应对馆藏信息资源建设的全过程进行检验，分析信息资源采集与组织管理的方针与原则、发展规划及相关政策、经费配置等问题。

四、信息资源组织管理的方法

随着图书馆电子化、数字化信息资源的迅速发展，信息资源品种和数量不断增多，馆藏信息资源体系不断扩展，信息资源的组织管理方法也多种多样。信息资源的组织管理大体可以从信息资源内容和信息资源形式两方面进行。

（一）从信息资源内容方面组织

对图书馆信息资源从内容方面进行组织是馆藏信息资源组织的重要方法之一。它是根据信息资源的内容特征，使用一套含有语义关系的符号系统来组织信息资源。这种信息资源的组织方法就是内容组织法。内容组织法对馆藏信息资源不仅具有序化功能，而且对图书馆读者的信息资源利用来说还具有引导和认知的功能，是信息资源组织的核心方法。常用的内容特征组织法有分类组织法、主题组织法。

分类组织法是一种按照学科或体系范畴，依据类别特征组织和排列馆藏信息资源的方法。由于分类是人类活动中基本的思维方式，是从本质上揭示和把握事物之间的区别与联系的重要手段。因此，分类组织法是以知识属性来描述和表达文献内容关系的一种馆藏信息资源组织方法。

主题组织法是根据信息资源内容相关主题概念的特征进行馆藏信息资源组织的方法。如果说分类组织法是信息资源内容的逻辑关系顺序进行馆藏信息资源组织的话，那么主题组织法则是从事物本身、从文字的形式上进行馆藏信息资源组织的方法。它以语词作为检索标识，按字顺进行馆藏信息资源的排列，并将同一主题的内容聚集在特定的空间内提供利用，具有较强的直观性。

（二）从信息资源形式方面组织

从信息资源形式方面进行组织的方法是指根据信息资源的外部形式特征和物质形态特征进行组织的方法。馆藏信息资源的多元化，使图书馆信息资源的组织利用方式多种多样，这种多维的特点形成了读者利用的基本条件，也是馆藏信息资源组织序化的基本要素，因此，按照信息资源的外部形式特征和物质形态特征进行信息资源组织就成为信息资源组织的基本方法。常见的组织方法有出版形式组织法、载体形态组织法、时序特征组织法、地序特征组织法等。

第一，出版形式组织法。根据信息资源的出版编辑形式进行的组织方法。图书馆按照信息资源的出版形式，将信息资源划分成图书、连续出版物、特种文献等不同的组织空间，在构建馆藏信息资源集中利用通道的同时，也便于按照信息资源的出版特点进行集中管理，如注重图书收藏的系统性与针对性，注重特种文献收藏的完整性和全面性，注重连续出版物收藏的连续性和时效性等，使图书馆信息资源体系得到充分的体现与利用。

第二，载体形态组织法。根据馆藏信息资源外部单元的载体形态特征进行组织的方法。在信息技术环境下，新型的信息载体不断出现，改变了图书馆信息资源体系的载体结构，丰富了图书馆馆藏信息资源的类型。为了使不同类型的馆藏信息资源被读者所认知和利用，图书馆根据信息资源的载体形态（如磁带、光盘、网络等）不同特点，组成不同资源的管理和利用区间，如很多图书馆将光盘文献、视听资料、缩微文献等采取集中组织的方式，在全面了解信息资源载体特征的基础上充分发挥不同载体形态资源的作用，指导读者进行有效利用。

第三，时序特征组织法。根据信息资源编辑出版的时间特征进行馆藏信息资源组织的方法。这种信息资源组织方法体现了信息资源收藏的历史价值，反映了馆藏信息资源的形成和发展的历史脉络。同时，这种馆藏信息资源组织方法还能够使读者掌握相关信息资源的发展历史和社会价值。如图书馆将珍藏的古籍善本文献按照时间的顺序进行区分和集中组织，以实现妥善保存和有效利用的目的。

第四，地序特征组织法。根据信息资源内容涉及的国家和地区及信息资源出版的地理区域特征进行馆藏信息资源组织的方法。它能以地区为中心集中所有的相关馆藏信息资源，反映某一地区的历史面貌和发展，因此具有较强的系统性和地方性。如图书馆对地方文献的组织就宜采用这种方法，既突出了地方特点，也便于读者查找和利用。

总之，馆藏信息资源组织方法多种多样，图书馆可以根据自己的馆藏特点和读者的实际需要进行选择和利用。

第二节　印刷型馆藏的组织管理

一、印刷型馆藏的组织

印刷型馆藏是图书馆馆藏中以纸张为载体，以油印、石印、胶印、铅印和复印等印刷方式来记录信息和知识而形成的一种文献形式的信息资源的集合。印刷型馆藏一直是现代图书馆馆藏中不可或缺的重要组成部分。

（一）印刷型馆藏的布局

所谓印刷型馆藏布局，是指将图书馆入藏的全部印刷型文献，按照一定的标准，划分为相对独立联系的若干部分，建立各种功能的书库、为每一部分藏书确定合理的存放位置，以便保存和利用。印刷型馆藏布局的实质就是对印刷型馆藏信息资源进行空间位置上的科学、合理划分，力求使印刷型馆藏信息资源与读者需求达到最佳结合点。

印刷型馆藏布局所研究的具体问题是，对所收藏的文献怎样依据科学的布局模式，使其发挥最大的效益，最大限度地满足用户的需求利用，以及所收集的印刷型信息资源采选到馆后，怎样科学合理地将其分配到适合的印刷型信息资源收藏地点。

1. 印刷型馆藏布局的依据与要求

印刷型馆藏布局是为有效利用和妥善保存印刷型信息资源的目的而进行的一项活动，它由以下几方面的因素决定。

第一，图书馆的任务和读者需求。不同类型的图书馆，所担负的服务任务不同，读者的需求特点和规律不同，按需设置，区别服务，是馆藏布局的一个重要出发点。

第二，印刷型馆藏信息资源的数量、质量和学科、等级、文种、时间及印刷型信息资源类型的供求状况，决定了馆藏布局的结构、功能和规模。

第三，人力、物力、财力条件及图书馆建筑格局。印刷型馆藏布局的规模、藏书点的多寡，必然受到图书馆人员、馆舍、设备、资金等物质条件的制约。此外，图书馆的建筑格局也客观地制约着印刷型馆藏布局。比如书库空间狭小则限制了印刷型馆藏信息资源的借阅一体化布局，制约了图书馆构建大空间的印刷型信息资源收藏与利用模式的发展。

因此，印刷型馆藏的布局要综合考虑以上制约因素，要通过科学的组织与规划，使印刷型馆藏信息资源在客观条件许可的情况下发挥最大的作用。

一个理想的印刷型馆藏布局体系，应满足以下要求：①有利于提高印刷型馆藏资源利用率，充分发挥印刷型馆藏信息资源的效益；②有利于满足不同读者的需要，提高图书馆服务工作的效率；③有利于充分利用图书馆的有效面积，节约书库和阅览室的空间；④有利于印刷型馆藏资源的馆内流动，并与图书馆其他资源利用相协调；⑤有利于图书馆工作人员熟悉和研究印刷型馆藏，便于开展灵活、迅速、周到的服务；⑥有利于印刷型信息资源的保管，避免丢失和损坏，延长印刷型资源的保用寿命。在图书馆实际工作中，以上要求不可能完全实现，要互相兼顾，也要有所取舍。

2. 印刷型馆藏布局的原则

尽管各图书馆由于类型不同、方针任务的差别和规模大小的不同，其印刷型馆藏信息资源的布局也不尽相同，但它们在遵循印刷型馆藏布局的原则时还是有共同点的，主要表现在以下三方面。

（1）方便用户利用的原则

印刷型馆藏信息资源是供用户利用的，印刷型馆藏信息资源布局的目的就是最大限度地方便用户的利用。因此，方便用户利用是印刷型馆藏布局遵循的首要原则。

（2）充分发挥印刷型信息资源功能的原则

印刷型馆藏信息资源布局在最大限度地方便用户利用的同时，要体现充分发挥各学科专业、各类型文献的使用功效的原则。功能明确是印刷型馆藏信息资源整体质量不断提高的前提。因此，在印刷型馆藏布局划分时，要考虑主要用户群对印刷型信息资源的需求利用情况，各学科专业、各类型印刷型信息资源之间的有机联系。

（3）印刷型信息资源运转灵活的原则

印刷型信息资源运转灵活的原则是指各文献库文献布局的方位，要便于用户选择、借阅，便于馆内对文献的日常整理，便于各文献库间文献的调整流动，便于文献从采编部到各文献库、借阅处、阅览室、参考咨询室之间的迅速运转交流。

3. 印刷型馆藏布局的方式

印刷型馆藏布局的方式多种多样，它们从不同方面、不同程度上体现出印刷型信息资源布局的要求。

（1）展开式水平布局

展开式水平布局主要适用于直接面向读者的开架流通书库。由于这种布局形式的书库、阅览室、借书处都是在同一水平面上，因而便于读者对图书馆印刷型资源的查找和利用，提高馆藏利用效率。这种布局方式的不足是占据空间范围大，印刷型文献传递路程长，限制了自动化传递装置的使用，书库的建筑造价高，同时不利于印刷型资源的保管。

（2）塔式垂直布局

塔式垂直布局主要指塔式书库。这种塔式书库主要适用于闭架流通书库和保存书库。其优点是能使藏书在最小的空间范围内得到最大限度的集中，保持了藏书的安全状态，同时使得书库藏书接近各阅览室，与读者保持短距离联系。现在许多大中型图书馆的书库都采用了这种结构。其缺点是每层书库都要设置管理员，或者是管理员负责几层书库，这样不仅体力负担过重，还会降低劳动效率和为读者服务的效率。此外，这种书库大都安装全自动或半自动的运输设备和联系设施，所占空间太大，提高了馆舍的建筑费用和使用费用。

（3）立体交叉式混合布局

立体交叉式混合布局是对不同的印刷型文献采用不同的布局形式，常用书尽可能放在和阅览室处于同一平面的书库，使其最接近于读者；不常用图书放在书库中不与阅览室相连的垂直位置上，形成立体的交叉布局。一般来说，藏书规模在 10 万册以下的小型图书馆通常采用水平布局，使图书的采、分、编、典、流形成一个直接的平面的工作流程；而 10 万册以上的中型图书馆则应有单独的书库建筑，藏书布局以一两种方式并用；对于 100 万册以上的大型图书馆，一般建立塔式书库，藏书采用立体交叉式布局。

（4）三线典藏制布局

所谓三线典藏制，就是按照印刷型馆藏信息资源的利用率高低及新旧程度，结合服务方式，将其依次划分为三个层次，组成一、二、三线的布局体制。一线书库布局特征是提供利用率最高、针对性最强、最新出版的印刷型信息资源，供读者开架借阅；二线书库的布局特征是提供利用率较高，参考性较强、近期出版的印刷型信息资源，可根据情况供读者开架借阅或查目借阅；三线书库的布局特征是集中收藏利用率低的、过期失效的及内部备查参考的印刷型信息资源。

三线典藏制的理论依据是美国图书馆学家特鲁斯威尔总结的印刷型馆藏信息利用的"二八率",即在图书馆全部的印刷型馆藏信息资源中,大约20%的常用印刷型信息资源满足了80%的借阅需求,其余80%的印刷型馆藏信息资源仅能满足20%的读者需求。由于印刷型馆藏信息资源得到充分的利用,因而这是一种科学合理的印刷型馆藏信息资源布局方式。

(5) 藏借阅一体化布局

所谓藏借阅一体化布局,是一种全开架布局,它利用计算机技术、通信技术、网络技术等信息技术,采用统一管理方式,即大开间、少间隔的建筑格局,各处设有桌椅,方便读者就近阅览,印刷型文献按学科、知识门类集中起来,读者可以随意浏览和自由获取,除特藏文献和现刊以外,其他印刷型文献尽量不单设阅览室。

藏借阅一体化布局的优点主要体现在:提高印刷型馆藏信息的利用率;减少复本,节约购书经费;节约人力资源,提高服务质量。

藏借阅一体化布局的要求主要包括:①图书馆建筑设计要体现灵活性,功能转换要便利;②管理模式要更新;③强化用户参与意识和自我服务能力;④提高馆员的参考咨询能力;⑤营造人性化学习环境,形成融藏、借、阅、管为一体的综合性功能空间。

(二) 印刷型馆藏的排架

印刷型馆藏排架,就是将印刷型馆藏信息资源有序地陈放在书架上,并形成一定的检索体系,使每一种印刷型信息资源在书库及书架中都有固定的位置,便于图书馆员及读者能准确地取书与归架。

1. 印刷型馆藏排架的目的与要求

印刷型馆藏排架的目的,是便于藏书的检索利用。为了达到检索利用的最佳效果,对藏书排架有以下几方面的要求。

第一,利于提高检索效率,取书、归架迅速简便,节省时间和体力消耗。

第二,建立实用的排列系统,便于馆员直接在书架上熟悉和研究馆藏,也便于读者选择使用藏书。

第三,建立准确清晰的排架标志,尽量减少误差。

第四,充分利用书库空间,节约书库面积,减少倒架的麻烦。

第五，有利于对藏书进行管理，便于藏书清点和剔除。

在实际工作中，要满足按内容系统选书和研究馆藏的需求，往往与提高检索效率和排架经济简便相矛盾。因此，要选择适合不同类型藏书的排架方法，尽可能找到各种排架方法的结合点，以便灵活地加以运用。

2. 印刷型馆藏的排架方法

印刷型馆藏排架方法，按出版物的特征标识，可分为两大类型。第一类是内容排架法，以出版物的内容特征为标识，包括分类排架、专题排架。其中，分类排架是主要排架法。第二类是形式排架法，以出版物的形式特征为标识，包括字顺排架、固定排架、登记号排架，以及文别排架、年代排架、书型排架等。

（1）内容排架法

内容排架法指以印刷型信息资源内容特征为排架标识而进行排架的方法。它又分为分类排架法和专题排架法。

第一，分类排架法。分类排架法是按照印刷型信息资源本身内容所属的学科体系来排列藏书的方法。由于这个体系与图书分类体系相一致，所以分类排架就是以图书分类系统为主体排列藏书。分类排架号由分类号和辅助代表同类图书的区分号组成。分类排架先按分类号顺序排列，分类号相同，再按区分号排列，一直区分到各类图书的不同品种。区分不同品种、不同书名及不同版本的区分号，通常有著者号（字顺号）、种次号、登记号等。

分类排架法的优点是：①使内容相同的书集中在一起，内容相近的书联系在一起，内容不同的书区别开来；②便于馆员系统地熟悉和研究藏书，为调整藏书结构提供依据，也便于宣传推介图书，有效地指导阅读；③便于读者直接在书架上找到同类书或相近类藏书，扩大借阅范围。

分类排架也有一些明显的缺点：①书架不能排满，造成空架的浪费，不能充分利用书库空间；②当新书大量增加、某些类别图书排架饱和、同类新书无法排进而又必须集中在一起时，则需要进行倒架，倒架耗费较多人力和时间，增加劳动强度；③分类排架号是内容与形式的双组号，排架号码较长，造成排书归架速度较慢，容易出错，造成检索困难。

第二，专题排架法。专题排架法也是按出版的内容特征排列藏书的方法。它是将出版物根据一定专题范围集中起来，向读者宣传推荐，带有专架陈列、专架展览性质。专题范围与分类范围不同。分类是纵向层次展开，专题则是横向范围的集中，它打破了科学隶属界限，将分散在各个小类甚至大类下的同一专题的出版物集中在一起，提供给某一专题内容感兴趣的读者。专题排架法机动灵活，适应性强，通常在外借处、阅览室及开架书库，用来宣传某一专题、某一体裁的新书。它是一种辅助性内容排架法，不能按其排列所有的藏书，只能排列部分藏书。

（2）形式排架法

形式排架法是按照藏书的外部特征来进行藏书排列的，主要有以下六种方法。

第一，登记号排架法，主要按图书馆为每一本书刊编制的个别登记的顺序排列藏书。这些登记号只反映出版的先后顺序或入藏的先后顺序，而不管它们的内容归属。按个别登记号排列出版物，简单清楚，一书一号，方便取书、归架、清点，但不能反映出版物的内容范围，不便直接在书架上检索利用。

第二，固定排架法，即按照出版物的固定编号排架。图书馆给每本书刊按入藏先后编制一个固定的排架号，这个固定排架号由四组号码组成，分别是库室号、书架号、层格号、书位号。固定排架的优点是号码单一，位置固定，易记易排，节省空间，不会产生倒架现象。其缺点是同类同复本书不能集中在一起，不便直接在书架上熟悉、研究与检索藏书。我国国家版本图书馆，即采用固定排架法，密集排列各种长期保存的样本书。

第三，字顺排架法是依据一定的检字方法，按照出版物的书名或著者名称的字顺排列藏书的方式。中文书刊通常采用四角号码法、笔画笔形法、汉语拼音字母来确定排架顺序。外文期刊及连续出版物，按刊名字母顺序排列。字顺排架法可以单独用排列闭架的中外文期刊，并同年代顺序结合使用。作为一种辅助性方法，它同分类排架法结合，成为分类字顺排架法。尤其是分类著者排架法，用来排列中外文普通图书，使同类著者同复本的书集中在一起，便于读者检索使用。

第四，年代排架法指按出版物本身的出版年代顺序排列藏书的方法。这是一种辅助性组配排架法，特别适用于排列过期报纸杂志合订本及其他有年代标志的连续出版物。

第五，文种排架法是按出版物本身的语言文字，排列各种外文文献。这是又一种辅助性组配排架法。文种排架号通常由两组或两组以上的号码组成：文种号、分类号、著者号，或文种号、年代号、字顺号等。

第六，书型排架法，按出版物的外形特征，分别排列特体规格或特殊装帧的书刊资料，是一种辅助性组配排架法。这种排架法，将不同类型、不同规格的出版物区别开来，并用不同的字母标示特殊类型、特殊规格的出版物。

3. 各类型印刷型信息资源的排架

在藏书排架实践中，图书馆对不同类型、不同用途的藏书，采用不同的排架方法，并用两种以上的排架法结合使用，以发挥各种排架法的固有长处，克服各自的局限性。

第一，中外文普通图书的排列，一般采用分类与字顺（著者字顺、书名字顺）或分类与序号（种次号）组配，以分类著者号、分类书名号、分类种次号为排架号。其中，分类种次号排列法比较简单，容易掌握，工作效率高，但不能集中同一门类中同一著者的著作。分类著者号不仅能集中同一门类的图书，而且还可以在同一门类中集中同一著者的著作。这两种排列法为较多图书馆所采用。

第二，期刊排列的方法繁多。一般来说，现刊宜采用分类排架，方法有两种：一种是分类刊名字顺排架法，另一种是分类种次号排架法。两种方法均先将现刊按知识门类分类，同类的现刊再按文种区分，然后，前者对同类、同文中的各种现刊按刊名顺序排列，后者则按种次号排列。过刊一般情况下按不同文种分开排架。同文种过刊可采用形式排架或分类排架。形式排架法有三种可供选择的方法：一是刊名字顺排架法，即按期刊名称字顺排列，同种期刊按年、卷数字顺序排列；二是登记号排架法，即按过刊合订本的财产登记号顺序排列；三是种次号排列，给每种期刊按其到馆先后顺序编一种次号，然后按此号顺序排列。分类排架则和现刊分类排架相同分为两种：一是分类刊名字顺排架法，二是分类种次号排架法。

第三，资料一般用形式排架法排列。内部资料和零散资料，出版形式多种多样，篇幅也较小，应装入资料盒或资料袋中，采用登记号顺序排架。科技报告、专利说明书、技术标准等特种文献资料，因原来就编有各自的报告号、专利号、标准代号，所以可按原编号的顺序排列，原编号就是索取号。

第四，版型特殊的图书，如大开本书、图表、卷筒等，采用书型排架法并和其他排架法配合。一般是先分成几个类型，以不同字母标示，即书型号，然后再在同一类型中再按登记号排，由书型号和登记号构成该书的索书号。

二、印刷型馆藏的管理

印刷型馆藏的管理就是将已经采访的印刷型信息资源，按照一定的要求，进行登记、编目、典藏、流通、调配和保护等工作过程。其目的在于保持印刷型馆藏信息资源处于良好的工作状态，充分有效地为读者所利用，长期完整地保存下去。

（一）印刷型馆藏的登记

1. 印刷型馆藏登记的意义

印刷型信息的登记是印刷型馆藏管理的第一步。图书馆对采访到馆的印刷型信息资源及印刷型信息资源收藏的变化情况（如遗失、剔除、寄存等）进行准确记录的工作，称印刷型馆藏登记。

通过馆藏登记，可以了解和掌握全馆印刷型馆藏信息资源发展的总动态，有利于掌握和了解馆藏、文献清点、文献保管等工作；统计分析各类印刷型信息资源发展变化的数量比例，检查书刊经费的分配使用情况，为制订和修改馆藏补充计划和馆藏发展规划提供精确的统计资料及可靠的书面依据。同时也可以了解具体到某一册文献的具体细节信息。凡是到馆的印刷型信息资源，无论是购买的、赠送的、呈缴的，还是通过其他方式到馆的印刷型资源，都要进行登录。同时对于遗失、损毁、剔除的印刷型资源也必须予以注销登记。馆藏登记的基本要求是完整、准确、及时、一致。登记财产账目记录的印刷型信息资源数量要与实际馆藏印刷型信息资源数量相符合。

2. 印刷型馆藏登记的方法

现在各高校图书馆都采用图书馆集成管理系统进行登记验收，印刷型信息资源登记一般是在图书馆集成管理系统中按入藏的先后次序进行，每一册印刷型文献都给一个登记号，又称入藏号；每一批入藏文献给一个批次号。因此，当前的印刷型馆藏登记合并了传统登记的总括登记和个别登记，只须在采访模块中的验收模块一次性登记各种信息就可完成验收登记工作。登记内容包括登记日期、登记批次号、印刷型文献来源、文献种数册数、单册价格、本批次文献价格、文献登记号、本批次起止登记号、登记验收的 MACR 数据等。

（二）印刷型馆藏的编目

印刷型馆藏的编目实质就是对文献进行编目及完成编目后所进行的编目组织。

所谓文献编目是按照特定的规则和方法，对文献进行著录，制成款目并通过字顺和分类等途径组织成目录或其他类似检索工具的活动过程。其主要作用是记录某一空间、时间、学科或主题范围的文献，使之有序化，从而达到宣传报道、检索利用和管理文献的目的。

文献编目工作，必须事先确定和准备好所要采用的著录规则（编目条例）、分类法、主题词表、著者号码表、分类规则、主题标引规则及目录组织规则等。

目前各高校图书馆都采用联机合作编目。所谓联机合作编目，就是在特定范围的图书馆编目机构，在约定的规则下，通过一定的技术手段使本地终端或工作站（客户端）与远程中心数据库相连，即时实现记录的处理和传送，达到编目工作的共建和共享。

联机合作编目流程一般包括文献著录、文献分类和主题标引、文献技术加工、打印批次财产账等基本程序。以图书馆图书编目为例：图书经过采购或缴送、交换等途径到馆并进行财产登记验收以后，即转到编目部门（或环节）进行编目加工。

要先进行查重，以确定是否为已经编目的复本书。如果是复本书，则无须再进行编目，只要在编目数据上添加登记号然后保存即可。

如果是未经编目的图书，则按照所采用的著录规则进行著录，同时按照所采用的图书分类法和主题词表进行分类和主题标引，将著录项目、分类号和主题词等按照规定的格式著录在 MARC 数据上，采用著者号码来区别同类图书的，还须按照特定的著者号码表给出著者号码，并将其（或者按其他方法确定的种次号）记录在分类号下一行以组成索书号进行存盘，一条 MARC 编目数据即完成，打印本批次财产账。同时，对已编目的图书进行图书技术加工，如粘贴书标等，以便图书排架和流通阅览。编目组织工作可根据书名或分类等途径由计算机自动完成。

（三）印刷型馆藏的典藏

1. 典藏及典藏的作用

印刷型馆藏典藏就是将已分类、编目、加工和整理好的文献，按照一定的馆藏分布原则，进行科学合理的保存和管理。它作为图书馆馆藏建设工作中重要的一个环节，使馆藏与读者需求能在最恰当的地方得以相互沟通并达到结构的合理化、布局的实用化、保管的科学化及利用的最佳化。典藏工作包括文献分配、调拨、清点和剔旧。印刷型馆藏典藏的作用有以下三方面。

（1）有利于实现馆藏资源的调配

图书馆典藏工作在验收图书后，根据图书的采购数量、类型及读者的阅读需求对各库（如社会科学库、自然科学库、工具书库、外文书库、特色库）图书的设置进行调配，以保证图书"藏"与"用"的合理性。因此，典藏部门通过对图书的合理调配，有效地提高了图书馆图书资源的使用效率。

（2）有利于实现馆藏管理的反馈

图书馆的采访人员要依据图书的藏书数量、各类图书借阅量等信息进行图书采购，而典藏部门的统计数据恰好可以为采购工作提供完整的采购反馈信息，使图书提供与读者阅读需求的契合度更高。因此，图书馆典藏统计数据对于采购工作的信息反馈非常重要，管理者要想实现图书馆馆藏科学、可持续发展，就必须给予典藏统计数据足够的重视。

（3）有利于馆藏资源的清点和剔除

图书馆印刷型馆藏信息时效性都很强，因此，图书馆为提高资源典藏质量和提高利用率，同时也由于馆藏规模，需要定期对印刷型馆藏资源进行清点和剔除，以实现馆藏资源的"新陈代谢"。而典藏统计、典藏数据等信息就是管理人员完成清点和剔除工作的依据，清点和剔除工作是图书馆典藏管理中最为复杂的工作，应谨慎进行。

2. 典藏分配

典藏分配就是根据新书典藏分配的规则，如本馆印刷型信息资源的布局模式、复本分配的标准、外借与阅览的比例、总馆与分馆的关系、接收新入藏印刷型信息资源的各个书库或阅览室的性质和任务及它们之间的分工等，将新入藏文献分配给各书库或阅览室，以满足读者的借阅需求。

3. 典藏调拨

图书馆馆藏管理是一个动态的过程，为了使印刷型信息资源的布局达到最佳状态，必须对印刷型信息资源的布局、印刷型信息资源收藏地点的分配进行科学合理的调配，从而使印刷型馆藏资源随时随地都能得到最充分的利用。

典藏人员依据一段时间印刷型文献借阅的实际情况，或是印刷型文献收藏地点的设置发生变化，对原有分配到各书库及各借阅室的藏书进行重新调整，以利于充分发挥馆藏文献的作用，最大限度地满足读者的借阅要求。建立和健全统一的典藏调拨制度，是对印刷型馆藏信息资源进行科学管理的保证。

4. 典藏清点

印刷型馆藏的清点是按照一定的馆藏记录，核对印刷型馆藏信息资源，以核实印刷型馆藏信息资源的实存情况和短缺情况。

清点工作的目的有两个：一是摸清家底，了解掌握馆藏现状；二是发现问题，纠正错误，改进工作。

清点是一项复杂细致的工作，要有组织、有计划地进行。它分为准备、实施与收尾三个阶段。在清点工作开始之前，首先必须制订清点工作计划，明确清点工作的目的、范围、方法、要求、时间及人员安排等。另外，准备工作还包括催还图书、整理书架、集中分散的印刷型馆藏信息资源。

在印刷型馆藏信息资源的清点过程中，还要求将清点与复选剔除、破损修补、内部书提存、改正分编中的差错等结合起来进行，边点边选边改。每家图书馆都应该使清点工作常规化、制度化。

当前随着图书馆自动化系统的广泛应用和书目数据的机读化，图书馆印刷型信息资源清点工作也脱离手工清点时代，而进入了计算机清点管理阶段。计算机馆藏资源清点有多种方法，但由于各图书馆应用的自动化集成系统不同，利用计算机对印刷型信息资源的清点方式、方法就不同。一般情况下，是利用条码识别器进行清点。

图书馆对入藏的印刷型信息资源加工后都赋予的一个条码号（登录号），条码号是印刷型信息资源的唯一标识，具有定位印刷型信息资源的功能。印刷型信息资源条形码是印刷型信息资源流通的依据，是印刷型信息资源借阅的基础数据。在一家图书馆内，一个条形码只能用于一本（件）文献，一个读者借阅证；而一本（件）文献，一个读者借阅证，只有一个条码号，两者之间是一一对应关系。这种唯一性决定了条形码在图书馆管理和图书清点中的地位及发挥的特殊作用。

（四）印刷型馆藏的保护

收藏印刷型信息资源的目的是利用，而利用则必须以印刷型信息资源的有效保管为前提。有效地保护好印刷型馆藏信息资源，延长其使用寿命，为现在和将来的有效利用创造了条件，发挥印刷型信息资源潜在的使用价值，是印刷型馆藏信息资源保护的重要任务。要保护好馆藏印刷型信息资源，必须了解和研究馆藏印刷型信息资源损失的原因、保护的方法。

1. 印刷型馆藏信息资源损失的原因

造成印刷型馆藏信息资源损失的原因是多方面的，归结起来主要是社会原因和自然原因两方面。

（1）社会原因

社会原因指图书馆藏书遭到人为的丢失和损坏，如一部分读者甚至个别图书馆人员不爱惜印刷型馆藏信息资源，不认真执行印刷型馆藏信息资源的保护制度，造成印刷型信息资源的丢失、损毁，甚至有少数读者撕毁、涂抹图书馆藏书。此外，还有种种社会客观条件的影响。

（2）自然原因

自身老化、变质、丧失原有的力学、化学和光学性能的过程，如变黄、变脆、变散、折卷、开胶、脱落等现象。而印刷型馆藏信息资源所处的环境条件，如温度、湿度、光照、清洁状况及各种微生物、昆虫、水火的侵袭会影响这个老化变质过程的速度。如果在保存中缺乏适宜条件，再加上客观环境中各种有害物质的催化和侵蚀，这种过程便会加速，甚至造成毁灭性的损失。

2. 印刷型馆藏信息资源保护的方法

针对印刷型馆藏信息资源损毁的原因，图书馆应采取系统的安全保护措施，以预防为主，最大限度地改善印刷型馆藏信息资源保存的条件，消除导致印刷型馆藏信息资源损失变质的各种隐患。就一般图书馆而言，印刷型信息资源的保护要注意温湿度控制、防火、防光、防虫、防霉、防鼠、防破损等。

第一，加强教育。加强工作人员自身的职业道德教育；加强对读者的道德素质教育；建立健全赔偿、惩罚制度；安装自动防盗报警系统。

第二，温湿度控制。控制温度最有效的方法就是采用空调设备，另外还可以采取在书库建筑上设置隔热层、库外植物绿化等方法。通风也是调节书库温湿度的一种简便易行的措施，还有安放干燥剂吸潮等办法。

第三，防尘与防菌。书库、阅览室内应保持通风，使室内外空气得到流通；要经常进行卫生清洁，清除灰尘；控制书库温湿度；用蘸有甲醛的棉花揩拭等消毒灭菌。

第四，防虫防鼠。书库内经常通风、防尘、防潮，除去虫、鼠滋生繁殖的条件；堵塞书库的各种漏洞、墙缝，放置杀虫、灭鼠的药物。用化学药物熏蒸法、低温法、缺氧法、射线辐照法等方法消灭虫害、鼠害。

第五，防火防涝。采取一切有效措施，防止火灾的发生；图书馆内禁止吸烟；严禁携带易燃易爆物品入馆；定期检查电路及电器设备是否完好；定期检查灭火器材是否有效；最好安装自动火灾探测报警系统。印刷型馆藏信息资源最怕水浸。要注意防涝；书库尽可能建造在地势高处；平时要注意防漏。

第六，装订修补。及时裱糊、修补磨损、撕页或脱线的书刊；期刊、报纸及时装订成册。

第七，缩微复制。对于珍贵的文献资料进行缩微复制，备份保存。

第三节　数字馆藏的组织管理

一、数字馆藏的概念与特点

（一）数字馆藏的概念

数字馆藏又叫数字化馆藏、电子馆藏，是图书馆馆藏中以数字形式保存的和借助于计算机网络可以利用的那部分信息资源（如仅有网络使用权的外文数据库，以及其他形式的虚拟馆藏）的集合。具体地说，它是图书馆馆藏中必须借助计算机等信息技术设备进行管理和利用的数字资源的总和。数字馆藏已成为现代图书馆馆藏中所占比例越来越大的重要资源。

数字馆藏从其形成方式来看，主要有三种类型：一是购入，主要包括图书馆通过签约付费后获得使用权的电子图书、电子期刊、镜像版数据库，也包括通过购买后拥有所有权的光盘资料和视听资料等；二是开发利用网络资源形成的虚拟馆藏，这类馆藏是按照特定要求而搜集的相关度很高的文件、网页等数字形态的资源，既可以下载到本地存放，也可以分散在网络的各个节点上，它仅仅是由链接集成在本地形成的资源导航体系；三是根据图书馆服务任务和服务对象的需要，建立起来的与本校教学科研需要或者与本地区经济文化发展需求相适应的特色数据库和数字内容管理系统。

（二）数字馆藏的特点

数字馆藏不仅在存放形式上有别于印刷型馆藏，而且其高度的共享性和不受时间、地点限制的服务能力，使得人们逐渐重视数字馆藏的建设和发展。概括地说，数字馆藏的特点具体有如下几方面。

第一，高度的共享性。一份数字馆藏，如一种期刊或一个数据库，借助于计算机网络可以同时供多个地区的读者利用。

第二，占用馆舍空间小，易于计算机操作。

第三，开放时间长，服务范围大，不受图书馆作息时间的限制，不受地域限制。

第四，对设备的依赖性强。数字馆藏必须借助一定的信息技术设备才能被有效地利用，如光盘塔、光盘库、光盘镜像服务器、磁盘库、磁盘阵列和服务器等。

第五，对环境的要求高。这主要是指存储数字信息的存储设备服务器和网络设备对环境的要求，如温度、湿度、防尘、防静电等。

第六，易受损害。这有两方面的含义：一是数字馆藏易受病毒等的感染而导致不能正常使用；二是由于存储设备（如磁盘、光盘等）的损坏而导致数据的丢失。

第七，管理难度大。数字馆藏虽然可以依赖计算机进行自动管理，但由于构成数字馆藏的数字信息资源的知识产权问题、存储设备的更新换代问题、阅读有关资源的软件升级问题，以及数字馆藏的不定期迁移问题等过程中涉及的因素太多，所以管理难度很大。

二、数字馆藏组织

（一）数字馆藏组织的内涵和内容

数字馆藏组织，是指依据数字信息资源的固有特征，运用一定的方法和技术，对其进行揭示和描述，为数字信息资源提供有序化结构的过程。数字信息资源特征包括外部特征和内容特征。数字信息资源的外部特征一般是指信息载体的物理形态、题名、责任者、出版事项等。在信息组织中，记录信息外部特征称之为描述，即根据特定的信息管理规则和技术标准，将存在于某一物理载体上的信息记录的外在特征进行选择和记录的过程。在信息组织中，对信息的内容特征进行的加工和整序称之为揭示或标引，是在分析信息内容的基础上，根据特定的标引规则与工具，赋予信息内容一定标识，以便将信息记录组成概念标识系统的信息处理过程。

从形式上看，数字信息资源组织与印刷型信息资源组织并无太大区别，但是，其基本内容与印刷型信息资源存在一定的区别。数字信息资源组织内容包括优化选择、描述揭示、确定标识和整理存储。

1. 优化选择

选择是数字信息资源组织的第一步。数字信息浩如烟海、优劣杂糅、真伪混同。所谓选择是在浩瀚的信息海洋里发现并确认具有组织、整理和保存价值的信息。从信息管理的角度来看，信息资源选择是根据用户的需要，从纷繁复杂的信息中把符合既定标准的一部分挑选出来的活动，是以选择主体对数字信息资源现象的认识为前提的，是人的主观认识与客观现实的相互作用。对数字信息资源进行整理，提高信息质量，并控制信息的流量流速，就必须进行优化选择。

2. 描述与揭示

描述与揭示是数字信息资源组织的重要内容，在数字信息资源组织中起着至关重要的作用。一般而言，对数字信息资源组织形式特征进行描述的过程称为著录。这个过程如同传统文献编目工作，其数据要按照一定的逻辑以一定的格式形成款目。对数字信息资源内容特征的揭示称为标引，是数字信息资源组织的专业化工作，是在分析信息内容属性及相关形式属性的基础上，用特定的检索语言（如分类语言、主题语言）表达分析出的属性和特征，并赋予信息检索标识的过程。标引是一项传统图书馆的信息组织工作，对数字信息资源组织来说，同样适用。

3. 确定标识

检索标识是以简练的形式表征的信息特征，目的是用以区分和辨识信息，作为有序存储和检索信息的依据。无检索标识的信息，不能形成检索系统，也不能有效地对之进行检索。与传统的印刷型信息不同，数字化信息复杂，其利用和处理需要依赖一定的格式和环境，而且在数据层面上，数字化信息还可以与另一个信息单元相联系，形成一种网状结构。在网络环境下，数字信息处于一种无序状态，同时，数字信息又是一种动态信息，因而，确定数字信息资源的标识，对于建立一个有序的数字化信息资源保障体系十分重要。

4. 整理存储

对给定检索标识的数字信息进行整理，将内容相同的集中在一起，不同的区别开来，组织成为一个条理清晰、层次分明的信息系统之后，还应将这些信息按照一定的格式和顺序存储在特定的载体中，如各种光盘检索系统、联机检索系统、数据库、学科信息门户、网络检索工具等都是数字信息存储的方式。利用新型载体存储数字化信息，可增强数字信息资源的可控性、有序性和易用性，为高效率地利用数字信息资源提供条件。

（二）数字馆藏组织的目标、原则

1. 数字馆藏组织的目标

庞杂的信息资源与人们特定信息需求的矛盾是信息交流的基本矛盾，这种矛盾早在信息交流活动诞生之日起就存在着，只不过在早期的信息交流活动中，矛盾并不突出，文献信息的搜集、整理和查找工作基本上由科学家本人完成，科学信息交流也是在科学家之间进行的。随着信息技术的发展和用户信息需求的变化，个性化信息服务的趋势愈来愈强劲。在个性化信息需求日益强烈和信息服务个性化快速发展的情况下，基于个性化服务的数字信息资源组织就显得特别重要。如何满足用户的个性化和专业化的信息需求，探求面向语义的数字信息资源组织技术与方法，提供面向语义的信息服务，则成为人们关注的焦点。数字信息资源组织的目标就在于利用最新的 Web 技术，实现面向语义的信息检索，最大限度地满足用户的检索需求。

2. 数字馆藏组织的原则

基于个性化服务的数字信息资源组织必须遵循如下原则。

（1）目的性原则

基于个性化信息服务的数字信息资源的组织具有鲜明的目的性，即以用户为中心，紧密围绕用户的信息需求开展工作，注意信息机构的目标市场的需求状态及其变化特征。在信息资源组织与开发中，要充分了解用户需求，改进信息资源组织方式，运用先进的信息组织技术，使信息资源组织成果方便用户的选择和利用，尤其要注意将被动的信息资源检索变为主动的信息资源报送和知识导航，在信息资源与服务的整合开发和个性化服务方面下功夫，提供方便用户的功能，以优质的服务吸引用户。

（2）系统性原则

在对数字信息资源进行组织的过程中，坚持系统的观点和方法十分重要，没有系统性的数字信息资源组织工作是不可能实现其整体目标的。在信息组织中贯彻系统性原则就能够平衡好各种关系，获得最佳的整体功能。

（3）客观性原则

如实地将数字信息资源的外在特征和内容特征进行描述和揭示，并有序地形成相应的数字信息资源组织的成果，是数字信息资源检索和利用的需要。只有这样，才能实现不同系统间的数据交换，才能实现用户和系统及系统与系统之间的有效沟通。

（4）易用性原则

数字信息资源组织的最终目的是方便用户有效利用，在其组织过程中，一方面要考虑普通用户的信息检索特点，尽量简单易用；另一方面也要考虑研究型、专业型用户的信息需求，应提供一些较为复杂的功能。使用方便是任何类型的信息资源组织系统中都必须遵循的一条通则，数字信息资源组织亦不例外。

（5）完备性原则

现代技术条件下，数字信息资源组织已经超越了信息媒体的限制，它可以利用高新技术，依托国家信息基础设施，建立数字信息资源组织网络体系，构建整合各种载体、各种类型的数字信息资源，如全文本、图像、声音、视频信息等，使之成为一个完整的有机整体，对于特定数字信息对象范围的收藏是完备的。这是完备性原则的第一层含义。另一层含义是数字信息资源组织包括对传统图书馆信息资源的数字化处理，使之在存取层面构成一个整体。

（三）数字馆藏组织的方式

数字信息资源组织的方式是指人们利用现代技术，结合数字信息资源的特点，对其进行加工、整理、排列、组合，使之有序化、系统化以后所呈现给用户的结构方式和表现形式。这种结构方式和表现形式，随着信息技术的进步，用户需求的变化而不断创新。到目前为止，已产生多种组织方式，可以根据数字信息资源组织模式的特点，将其划分为微观信息组织模式、中观信息组织模式和宏观信息组织模式三种类型。其中，数字信息资源组织的微观模式包括文件方式、自由文本方式、超媒体方式和主页、页面方式；数字信息资源组织的中观模式包括搜索引擎方式、主题树方式（目录指南方式）和指示数据库方式；数字信息资源的宏观组织模式有学科信息门户模式和信息重组模式。网络环境下，用于组织数字信息资源的常用方式主要有文件方式、超媒体方式、搜索引擎方式、主题树方式、数据库方式和学科信息门户方式。

（四）数字馆藏组织的方法

实际上，数字信息资源组织的方式是一种模式，它所讨论的是数字信息资源组织的一种标准形式或是在人们组织数字信息资源时可以照着做的标准样式，如以上列举的文件方式、超媒体方式、主题树方式和数据库方式等，就是数字环境下信息资源组织的几种常用的方式；而数字信息资源组织的方法则是研究信息资源组织途径，研究如何揭示信息资源，它是建立信息检索系统的基础。

1. 分类法

分类就是按照事物的性质、特点、用途等作为区分的标准，将符合同一标准的事物聚类，不同的则分开的一种认识事物的方法。

分类法是指将类或组按照相互间的关系，组成系统化的结构，并体现为许多类目按照一定的原则和关系组织起来的体系表，作为分类工作的依据和工具。

在网络环境下，分类法的优势在于通过建立一个共有的概念性的上下文关系，能够超越不同的信息存储形成一种凝聚力，提供按等级体系的浏览检索方式。目前，运用分类方法组织数字馆藏主要有以下几种形式：

（1）文献分类法

在联机系统中，电子分类法的应用不仅便于浏览，同时还能实现字顺检索。只要分类法在类名上更加规范化，注释更加充分和详细，按主题或事物名称进行跨类的多途径检索功能就很容易实现，成为分类检索的重要补充。比如深受专业用户青睐的学科信息门户，就是因为它运用了文献分类法组织了高质量的数字信息资源。

（2）参考文献分类法

这种分类法是面向一切网络信息的，它是根据搜索引擎或网站的性质，搜索和收录重点设计分类大纲，将网站上的网页归到相应的类目体系中，类目可以按等级体系的方式浏览。

（3）人工神经网络

人工神经网络是根据人类的生物神经系统结构设计的计算机系统，应用范围很广，在信息组织领域，它可以用于自动分类，在主题及主题词关系可视化显示方面的发展潜力不可估量。

2. 主题法

按照表达主题概念的语词标识的构成原理和特征划分，主题法一般分为标题法、单元词法、叙词法和关键词法。在网络环境下，用于组织数字信息资源的主要是关键词法和叙词法。

3. 主题图法

主题图法是一种新型的数字化信息组织方法，使用这个方法可以提供最佳的信息资源导航。在信息管理领域，主题图法的运用十分广泛，如在叙词表的编制和应用方面、网络教学的教育信息资源组织与导航方面、在电子商务方面、在门户网站、科研助理和知识交流共享等方面都有较好的应用价值。可以预示，随着信息技术的不断发展，主题图法将在数字化信息资源组织和知识表示方面发挥更大的作用。

三、数字馆藏管理

（一）数字馆藏管理的特征

数字馆藏不同于传统的印刷型馆藏，由于存放载体形式和服务要求的不同，在采集、组织、存储、维护、保护、协调等方面都具有显著的特征。

第一，需要专用的、可扩展空间的、相对稳定的信息存储设备存放数字馆藏，例如镜像服务器、磁盘阵列、NAS 系统、存储区域网络 SAN 等，同时要求存储设备具有可置换功能和保证资源安全的性能。

第二，各类型数字馆藏运用的系统平台多种多样，导致格式千差万别，仅就单个数据库进行检索，已经远远不能满足用户的要求，需要按照一定的标准进行数据、功能的整合，实现对资源的内容管理。

第三，需要制作思路清晰、结构合理、界面友好的智能检索型网站或数字图书馆平台，将馆藏有效地组织起来提供给读者和用户共享使用。

第四，数字资源的管理有很高的技术要求，网络系统的架构、特定存储设备与管理软件的使用方法、数字资源安全的维护等都对管理员提出了较高的要求。

（二）数字馆藏的安全管理

1. 数字馆藏安全管理面临的问题

随着数字馆藏资源的日益丰富，开放程度的不断提高和资源共享的进一步加强，随之而来的信息安全管理问题也日益突出。数字馆藏安全管理的核心是数字馆藏的长期可靠存取问题。数字馆藏作为人类文明、文化遗产的重要部分，其长期可靠存取是保护人类文明与实现知识传递的重要基础与保障。然而，数字馆藏区别于传统馆藏的特性，要求长期可靠存取的基本条件，包括数字馆藏存取系统应具有完备的处理各种文本、数据、图表、音像和多媒体的能力；数字馆藏载体应具有稳定可靠的存储寿命；拥有可靠的能覆盖所有数字馆藏格式的格式转换及迁移技术；具备较强的抗灾害能力。数字馆藏的存储载体、格式和软硬件中的任何一项出现问题，都将对数字馆藏的存取产生重大影响。目前，数字馆藏的长期可靠存取还面临着诸多问题。

（1）载体寿命问题

数字馆藏的长期可靠存取必须以各种类型的物理载体为对象。目前常用载体的使用寿命各不相同。传统的资源载体可以通过观察其物理表象特征判断其保存与使用状态。与传统载体相比，数字资源载体体积小、容量大，但载体容易变质、损坏，易遭受毁灭性损失，且对存储环境的要求越来越高。在大容量高密度存储媒体不断推出的情况下，存储媒体的不稳定性在增大，其有效寿命在下降，因此载体问题是数字馆藏长期保存需要直接面对的问题之一。

（2）技术更新问题

相比载体寿命问题，更为迫切的问题是数字馆藏的读出、检索技术的过时问题。数字资源对系统软硬件平台的依赖性，使得数字资源的读出、还原技术过时问题成为困扰数字图书馆发展的又一极大障碍。计算机存储技术与软件技术的不断迅速出现与周期性的更新，使得数字资源存取的软硬件随之更新，必然导致原有数字资源存储与利用技术的淘汰。在技术与市场的推动下，记录与存储数字馆藏的设备与软件每3~4年就完成一个更新周期。如何使面临技术更新的数字资源安全过渡到新的软硬件平台是数字馆藏在发展中面临的又一难题。

（3）数据格式问题

数字馆藏因制作商保护版权的需要或制作时技术与条件的限制，使得目前的数字馆藏以大量的不同格式形式存在，其直接结果是造成格式之间转换的极大不便。为此，人们试图呼吁采用统一的标准格式。

（4）安全防护问题

数字馆藏的服务主要集中在网络上。网络安全问题与网络本身固有的特性有关，所以网络环境的复杂性决定了网络安全的复杂性。因而与传统馆藏相比，数字馆藏显得较为脆弱，极易受到外力的干扰和破坏。数字馆藏在受到计算机病毒、黑客入侵、磁场、电磁脉冲等的打击时，其对数字馆藏的破坏程度类似于传统图书馆遭遇一场火灾或地震。数字馆藏一旦受到病毒侵蚀和黑客破坏将可能在瞬间化为乌有。磁场可使电子图书不复存在。电磁脉冲对计算机系统更是具有强大的杀伤力。再加上人为操作失误、保存环境变化、停电，以及火灾、水灾、地震等自然灾害等都可能对数字馆藏造成无法挽回的损失。

2. 数字馆藏安全管理的策略

数字馆藏的安全管理策略就是图书馆在一定时期内为保障馆藏数字资源的安全所制定的安全管理措施。数字馆藏安全涉及数字资源的内容、数字资源存储管理与服务系统和存储设备等方面的因素，因此在制定安全策略时，要在综合考虑管理、技术、设备和免疫等因素的基础上，确定数字馆藏的安全管理策略。

第一，从思想上认识安全管理的重要性。图书馆必须充分认识到数字馆藏安全管理的重要性，从开始进行数字信息资源建设就要制定数字馆藏安全管理制度，并对有关馆员进行培训。明确专职专人负责，定期检查维护是确保数字馆藏安全的重要保证。

第二，加强数字馆藏管理信息系统的运行管理。建立健全监控管理、事件管理、配置管理和变更管理等管理制度，解决信息技术管理中的信息不对称现象，逐步推行信息安全风险管理制度，完善信息系统风险识别、评估、分析和规避办法，制订信息安全风险应急管理计划。

第三，健全技术防范、预警和保障体系。认真研究有关信息安全的理论、标准和规范，充分研究并掌握包括入侵检测技术、防火墙技术、防病毒技术、加密技术、认证技术、电源保护技术、电磁信息防漏技术、存储备份技术、鉴别技术、安全软件工程、灾难备份及灾后恢复等各项技术防范、预警和保障措施，确保各系统安全运行。同时，要根据基础设施、硬件系统、网络系统、操作系统、数据库系统和应用系统的分布和层次结构，安排不同特性的安全策略和措施，使这些策略和措施相互配合和补充，形成数字馆藏管理的整体安全防护体系。

第四，免疫与灾难处理。免疫是预防措施，一般图书馆会考虑对病毒的防护和黑客的入侵，但对灾难处理常常缺乏考虑。一旦灾难出现，就显得束手无策。尽管灾难处理是应急措施，但对保护数字资源是至关重要的，在制定安全措施时应高度重视。

3. 数字馆藏安全管理的宏观解决思路

（1）制定数字馆藏长期存取统一标准

数字馆藏长期可靠存取的主要障碍之一是数字资源的生产者、提供者、维护者各自为政，各自根据自己的需要，随意采用各种系统与技术，结果导致数字资源的长期存取面临多种困难。许多国家已意识到标准的缺乏是数字资源长期存取诸多问题产生的根源之一，针对数字馆藏长期存取标准问题的研究早已成为国际热点。尽快制定数字馆藏长期可靠存取的通用技术标准与组织管理协议，以尽量减少数字馆藏在新旧平台间转换的难度，降低数字馆藏长期存取的组织管理难度，已成为数字馆藏管理刻不容缓的任务。

（2）建立集中式和分布式相结合的数字馆藏长期保存的机制

建立数字资源制作者样本呈缴国家集中保存制度，是实现数字资源长期存取的关键。为此，国家应以法律形式确定数字资源制作出版机构免费呈缴数字资源产品样本的义务和责任，以确保数字资源在国家控制下的长期保存，这是保证国家文化遗产长期存取的必要措施，也是监督、检查出版者数字作品制作技术的标准性和长期存取技术的规范性的需要。当然，国家数字资源保存基地应对呈缴样本的复制与流通采取严格的控制措施，以确保版权人的合法权益。

但是，完全由国家集中于某个基地，如国家图书馆或版本图书馆承担数字馆藏的长期存取任务，可能使其承受太大工作压力与经济负担，也使其他图书馆丧失保证数字馆藏长期存取的责任意识，因此，有人认为，应该建立以国家基地为中心，各数字图书馆或数字图书馆联盟为分支的二级数字馆藏的长期保存机制，以在全社会范围内分担数字馆藏长期存取工作的责任与义务。一方面可大大减轻国家的负担，分担数字馆藏长期存取的风险；另一方面通过分工与合作，便于进一步研究数字馆藏长期存取的技术方法，促进数字馆藏长期存取技术的发展。

（3）确立制作者的最终责任机制

数字资源的制作者与发行人，受其自身利益的驱使及技术程度的局限，以及对维护自身数字产品资源存取与资源共享的利益关系的认识与看待角度的不同，很难将自身在维护数字资源长期存取中所应承担的责任与义务放在首要位置。他们在数字产品形成的开始就决定着文件用什么格式产生、以什么媒体存储，是否执行标准等，从而限定了其数字作品的性质与长期存取方式，其他人的任何改变都将或多或少影响其作品的原始形态，因此数字作品的创建者应对数字作品的长期存取负最终责任。

第三章　高校图书馆信息资源保障体系建设

第一节　高校图书馆信息资源保障体系建设概述

一、信息资源保障体系的概念及最终目标

（一）信息资源保障体系的概念

信息资源保障体系是指在一个国家或一个地区范围内，各类型的信息机构协调合作，根据统一的规范建立一个集信息收集、组织、存储、传递、开发和利用于一身的信息资源保障体系。这个社会信息资源保障体系中的主体主要包括各种类型的图书馆、信息中心、网络中心、资料室、档案馆、咨询公司等社会机构。在这些机构中，高校图书馆占据着非常重要的位置。

（二）信息资源保障体系的最终目标

信息资源保障体系的最终目标：信息资源保障体系以层次结构科学、空间布局合理的资源网络为物质基础，以文献信息资源共享和信息资源整合为实现目标，以纵向和横向联合为组织形式，以计算机、通信网络为技术手段，以最大限度地满足用户信息需求为最终目标。

信息资源保障体系的最终目标可以分解若干子目标，并通过各层子目标的集合来保证最终目标的实现。信息资源保障体系的子目标包括以下几方面。

1. 信息收集与积累

这是建立信息资源保障体系的基础，其具体目标包括以下几方面。

第一，各级各类信息资源机构在各个层次上开展信息搜集的分工协调，避免信息搜集的重复和遗漏，提高整体文献资源的完备程度，其标准"应力求满足用

户对国内出版物需求的 100%，对国外文献的满足率应在 90% 左右"。

第二，整体规划信息资源建设，改变"大而全""小而全"的藏书发展模式，建立各信息资源机构有重点、有特色的专门化的信息资源体系，实现信息资源在学科上的合理配置。

第三，对信息资源的地理分布进行宏观调控，整体布局，改变信息资源在某些地区过分富集，某些地区极度贫乏的不均衡状态，实现信息资源在地区间的合理配置。

第四，建立文献的联合储存收藏系统，完整无缺地保存具有潜在科学和文化价值的文献，并为社会的特殊需要提供文献信息保障。

第五，在网络环境下，信息资源保障体系在信息的收集和积累方面的目标是：建立现实馆藏与虚拟馆藏、印刷型文献与其他各种文献载体相结合，文献检索与原始文献提供相结合的信息资源优势互补与资源共享的保障体系。

2. 书目控制

有效的书目控制是信息资源保障体系充分发挥其功能的重要条件，其具体目标包括：

第一，完善国家书目：包括健全出版物呈缴制度，扩大国家书目的文献信息网罗度；运用计算机技术生产国家书目，加快国家书目出版速度，缩短书目报道文献的时差；采用标准著录，增加检索途径。

第二，实现在版编目和集中编目。

第三，建立联合目录报道体系，及时、全面、广泛地揭示各信息资源中心的馆藏文献信息。运用计算机编制联合目录，同时生产出联合目录数据库。

第四，建立和完善检索刊物体系，包括增加检索刊物的数量、扩大报道文献的覆盖率、缩短报道文献的时差、提高检索刊物标准化程度及实现刊库结合。

3. 馆际互借与文献传递

它是信息资源保障体系的重要运作方式，其具体目标包括以下几方面。

第一，实现馆际互借与文献传递的系统化、网络化，对全国的馆际互借与文献传递工作进行全面规划，建立协作协调机构来组织馆际互借与文献传递工作，制定统一的馆际互借与文献传递规则来规范馆际互借与文献传递行为，从而使我国的馆际互借与文献传递形成有序运行的系统。

第二，扩大馆际互借与文献传递的规模和范围，积极开展国际互借与国际传递，促使文献资源更加广泛地被利用。

第三，以现代技术装备文献传递网络，保证实现信息的远程实时传递。

4. 信息检索

它是优化信息资源保障体系传递功能的重要技术手段，具体目标包括以下几方面。

（1）网络公共查询

网络公共查询包括联合目录数据库、成员馆馆藏目录数据库和其他共享数据的查询。用户可以通过 Web 浏览器或客户软件实现"一站式检索"，即用户一次性输入检索要求，一次性显示检索结果，查询感兴趣的书目记录或请求文献传递。

（2）联机检索

扩大联机检索的范围和规模，全国只要有网络覆盖的地方都可以成为网络终端，并与世界上主要的信息系统相连，用户在办公室或家里就可以查询到分布在全球的数据库的信息。

上述四方面的子目标，相互联系，构成了一个完整的目标集。这个目标集是逐项落实我国信息资源保障体系最终目标的结果，也是实现最终目标的保证。

二、高校图书馆信息资源保障体系内涵、地位与作用

（一）高校图书馆信息资源保障体系内涵

高校图书馆信息资源保障体系是指高校图书馆按照统一的规范和标准，协调进行信息资源的采集、整理、加工、存储、共享、开发和利用，以促进高校学科建设和知识创新为主要宗旨，以最大限度地满足校内外用户个性化、专门化、系统化和高效率信息需求的信息服务系统。高校图书馆信息资源保障体系作为一个行业性信息资源保障系统，以组织、传递、交流、提供知识信息服务为主要目的，是国家信息资源保障体系的重要组成部分，也是国家知识基础设施的有机组成模块。

（二）高校图书馆信息资源保障体系建设具有重要地位与作用

1. 信息资源保障体系是高校图书馆信息化建设的核心内容

信息化建设是高等学校建设的重要组成部分，信息化水平的高低直接影响其整体办学水平、学校形象和地位。

2. 信息资源保障体系的建设和服务水平是高校图书馆总体水平的主要标志

信息资源保障体系在高校图书馆信息化建设的核心地位毋庸置疑，其信息资源建设和信息服务水平是体现高校图书馆总体建设水平的主要标志。无一例外，国内外著名的大学图书馆的发展水平也是遥遥领先。高等学校图书馆的工作是学校教学和科学研究工作的重要组成部分，高等学校图书馆的建设和发展应与学校的建设和发展相适应，其水平是学校总体水平的标志。因此，信息资源保障体系的建设水平直接影响着高校的核心竞争力。

3. 信息资源保障体系是高校图书馆信息用户获取信息资源的最主要渠道

高校图书馆的信息资源保障体系不仅是学科建设、高素质人才培养的文献信息保障基地，也是高校开展知识创新和技术创新的重要信息源泉。高校图书馆对信息资源进行筛选、加工、整理、存储以后，并为用户提供检索和利用的途径，较好地满足用户信息需求的目的。高校图书馆信息资源保障体系的完善和创新是解决用户信息需求的重要途径。

4. 高校图书馆信息资源保障体系是国家信息资源保障体系的重要组成部分

高校是国家创新体系的重要组成部分，高校图书馆信息资源保障体系则是一体化国家信息资源保障体系的重要子系统之一。信息资源保障体系服务对象和范围不仅局限于高校内部，还具有十分重要的社会意义。具体体现在：①促进社会信息公平，保证公众能自由地获取各种必需的信息。②保存文化遗产，高校图书馆有极为丰富的馆藏资源，承担着保存和传承人类文化遗产的使命。③肩负提高公众信息素养和科学文化素养的重任。

三、高校图书馆信息资源保障体系建设的原则

（一）整体性原则

整体性原则是高校图书馆信息资源保障体系建设应遵循的首要原则。高校图书馆信息资源保障体系作为一项复杂的系统工程，涉及信息资源类型、信息保障技术、信息保障机制、信息服务能力等诸多因素，也牵涉到政府主管机构、信息保障机构、信息用户、社会公众、信息生产商等不同利益群体，因此只有运用整体思维方法，通过全方位、立体化视角和综合审视，实现不同群体的利益均衡，才能实现信息资源保障体系的可持续发展。整体原则要求高校图书馆信息资源保

障体系的建设目标应与国家信息资源整体化建设总目标保持一致，实现信息资源保障体系与社会协调发展。其次，在发挥政府主导作用的前提下，要在统一规划、统一布局和统一管理下进行整体化建设，信息机构之间分工明确，各司其职，通过发挥各自特色，实现整体效益和联合保障的目标。

在高校图书馆信息资源保障体系中，整体性原则还要求对校内信息资源实行整体化建设，统筹规划，合理布局，优化结构，资源共享。在信息资源保障体系中，每一高级层次的信息资源建设不只是简单的低层次文献信息收藏的总和，而是相互补充、配合所形成的信息资源保障体系，具有更充分和完备的信息保障功能。要发挥高校图书馆信息资源保障体系的整体效应，关键在于各个子系统即各高校图书馆之间及高校内各院系资料室在信息资源建设中的密切联系、协调配合，共同朝整体化方向发展。

（二）共享性原则

资源共享的目的在于使每个组织和个人都能够在一定范围内最大限度地利用信息资源。信息资源共享的实质是信息资源在空间上的合理配置，通过协调信息资源在时效、区域、部门数量上的分布，使信息资源布局更加合理，从而在既定的资源约束条件下使得用户的信息需求得到最大限度的满足，同时也使存量信息资源发挥最大作用。保证信息资源共享是高校信息资源保障体系建设的重要原则。用户信息需求的多元化、个性化、集成化特征，使得任何信息机构的信息资源都无法满足用户的全部信息需求，因此通过信息资源保障体系的建设，坚持共享性原则，不断提高和完善高校与高校之间、高校与校外其他信息机构之间广泛的合作关系，建立一个分工协作、优势互补、相互依存、互为利用的整体化、综合化信息资源保障体系。

（三）效益性原则

效益是效果和利益的统称。高校信息资源保障体系必须讲求实效，不断提高投入成本的使用效益和信息资源的利用效率，实现信息资源优化配置并使其不断增值。从不同的角度，效益可以分为经济效益和社会效益、直接效益和间接效益、当前效益和潜在效益等类型。其中，经济效益和社会效益是信息资源配置效益的核心内容。一般认为，信息资源配置经济效益主要体现为资源配置的效率原则，信息资源配置社会效益的核心则主要体现资源配置的社会公平原则。实践证明，以用户的信息需求为导向的信息资源保障体系建设才是真正有效益的。

　　高校信息资源保障体系不断向前发展的根本动力是源源不断的用户需求。信息资源保障体系建设最终目的是促进信息消费，而信息消费水平又极大地受制于用户的信息需求程度。因此，要实现通过拉动用户信息需求来促进高校信息资源的有效配置，就必须通过各种方式加强对信息用户的信息素养教育，增强用户的信息获取意识，并且通过高质量信息服务使用户感到物有所值，物超所值。同时要通过建立科学合理的综合评估指标体系，定期对高校信息资源保障体系运行和利用状况进行评估监测，为及时调整信息资源建设和信息服务策略提供参考依据。

（四）服务性原则

　　信息服务是指高校图书馆通过各种手段所进行的一切与信息资源有关的服务活动的总称。信息服务是开展信息资源建设的基本宗旨和根本目的，是高校图书馆在网络化、数字化环境下得以继续生存与发展的唯一原因。服务原则包括平等、自由、人性化和满意度四方面的内容。平等是指信息用户均享有平等地利用各类信息机构拥有信息资源和信息服务的权利，特别是要维护弱势群体的信息权利；自由指用户可以享有自由地利用信息资源的基本权利，但条件是必须以合法利用和合理利用为基本前提；人性化则体现在环境人性化、技术人性化、服务人性化三方面；信息用户是否满意及满意的程度，是衡量信息机构提供的信息服务质量的核心评价标准。高校图书馆信息资源保障体系建设最终以为用户提供高质量、高效率的个性化、专门化、系统化信息服务为最终目标，以用户满意为最高宗旨。在深入探索用户信息需求的特点的基础上，有针对性地开展网络环境下信息资源建设，不断提高信息服务水平和服务效率。坚持"以人为本""用户至上"思想是服务性原则在高校图书馆信息资源保障体系建设过程中的具体体现。

（五）重点性原则

　　事实上，高校的学科发展都有各自的重点发展方向。由于经费、人员等条件的限制，高校信息资源保障体系建设也不可能使全校所有学科的信息资源保障都达到十分完备的程度。重点原则就是要求在高校信息资源保障体系建设过程中，要针对本校学科优势、科研重心和发展趋势，系统地收集、组织重点学科信息资源，使其达到较高的完备程度。信息资源采集不能简单地追求信息资源的数量和规模，更应该注重其信息质量和信息含量。高校信息资源保障体系建设是一个长期的不断发展完善的过程，在服从于高校的整体发展目标前提下，按照"保障重点，兼顾一般"的原则，要有计划地推进特色化馆藏资源发展战略，积极开展特色化服务，不断提高高校图书馆的核心竞争力。

（六）开放性原则

高校信息资源保障体系是一个开放式系统，内与学校学科建设、科学研究和人才培养紧密结合，外与其他不同层次的信息资源保障体系保持紧密联系，并与国际接轨。理论上讲，任何时空的信息资源保障体系都无法满足所有用户的全部信息需求。信息资源的稀缺性和用户无限增长的信息需求永远构成一对矛盾，而正是这种矛盾使高校信息资源保障体系必须通过对外合作与交流而获得新的发展动力。

（七）公平性原则

社会和个人的自由、繁荣与发展是人类的基本价值。人类基本价值的实现取决于信息灵通的公民在社会中行使民主权利和发挥积极作用的能力。人们的建设性参与和民主社会的发展有赖于令人满意的教育和自由与无限制地利用知识、思想、文化和信息。因此，消除信息资源垄断和实现信息公平是实现民主社会和民主政治的前提。由于历史和现实的原因，我国信息资源分布存在严重的非均衡性，信息资源富集和贫乏现象同时并存，而且这种非均衡性分布和落差趋势还在进一步扩大，这对保护用户信息资源利用的公平权利和从信息资源中平等获益的权利构成了挑战。在过去长期的信息资源保障理论与实践中，我国学术界一直没有将实现信息公平作为一种特殊使命来严肃对待并给予足够重视。高校信息资源保障体系作为我国国家信息资源保障体系的重要组成部分，理所当然地要承担起维护信息公平的重任。

公平原则对于建设高校信息资源保障体系具有特殊的意义在于，它将信息资源保障体系的研究视角扩大到更高一级的社会层面，使其研究重心由信息资源和信息技术更多地转移到"信息人"——公众和用户方面，这无疑是一种社会进步。公平原则要求在高校信息资源保障体系建设过程中，不仅要从资源上满足校内信息用户和社会公众的信息需求，而且要保障社会用户享有平等利用信息资源的权利，提高社会公众的信息获取能力。

第二节　我国高校图书馆信息资源保障体系建设

一、全国性高校图书馆信息资源保障体系建设

(一) 中国高等教育文献保障系统 (CALIS)

中国高等教育文献保障系统 (China Academic Library & Information System，简称 CALIS) 的宗旨是，在教育部的领导下把国家的投资、现代图书馆理念、先进的技术手段、高校丰富的文献资源和人力资源整合起来，建设以中国高等教育数字图书馆为核心的教育文献联合保障体系，实现信息资源共建、共知、共享，以发挥最大的社会效益和经济效益，为中国的高等教育服务。

CALIS 管理中心设在北京大学，下设文理、工程、农学、医学四个全国文献信息服务中心，华东北、华东南、华中、华南、西北、西南、东北七个地区文献信息服务中心和一个东北地区国防文献信息服务中心。

(二) 中国高校人文社会科学文献中心 (CASHL)

中国高校人文社会科学文献中心 (China Academic Humanities and Social Sciences Library，简称 CASHL) (网站名是开世览文)，是教育部根据高校人文社会科学的发展和文献资源建设的需要引进专项经费建立的。其宗旨是组织若干所具有学科优势、文献资源优势和服务条件优势的高等学校图书馆，有计划、有系统地引进国外人文社会科学期刊，借助现代化的服务手段，为全国高校的人文社会科学教学和科研提供高水平的文献保障。它是全国性的唯一的人文社会科学外文期刊保障体系。

CASHL 可为用户提供的服务内容包括以下几方面。

1. 高校人文社科外文期刊目次数据库查询

收录了 CASHL 全国中心 (北京大学和复旦大学) 2300 多种人文社会科学外文期刊，可提供目次的分类浏览和检索查询，以及基于目次的文献原文传递服务。

2. 高校人文社科外文图书联合目录查询

提供北京大学、复旦大学、武汉大学、南京大学、吉林大学、中山大学及四川大学等 7 所高校图书馆的人文社科外文图书的联合目录查询。

3. 国外人文社科重点期刊订购推荐

提供 26000 多种国外人文社科重点期刊的目录供用户推荐订购，用户的推荐意见将作为 CASHL 订购期刊的重要依据。

4. 文献传递服务

注册用户可在目次浏览或检索的基础上请求原文，如不知文献来源，也可以直接提交原文传递请求。通常情况下，用户发送文献传递请求后，可在 1~3 个工作日得到所需原文。

5. 专家咨询服务

由具有专业素质的咨询专家为用户提供信息咨询、课题查询服务。

6. CASHL 馆际互借服务

注册用户可在高校人文社科外文图书联合目录浏览或检索的基础上请求 CASHL 馆际互借服务。

二、省级高校图书馆信息资源保障体系建设

国家级高校信息资源共享保障体系的快速发展，鼓励和带动了我国以省、市为单位的地区性高校信息资源共享保障体系的不断发展，如北京、上海、江苏、天津、广东、湖北、浙江、河南等省市建设的地区性高校信息资源保障体系。

省级高校图书馆信息资源保障体系是指在省、自治区、直辖市范围内，省内若干高校图书馆以实现信息资源共享、利益互惠为目的而组织起来，受共同认可的协议或合同制约而共同建设的基于互联网的文献保障联合体。其主要功能是在其区域内的高校间通过统一的数字化平台实现图书馆文献资源与信息服务的共建、共知、共享，提高本地区文献保障率和信息服务水平，为本地区高校的科研、教学等提供更完善、更有效的公共服务保障设施。

省级的高等教育文献信息资源共享保障体系能利用地域上的便利，充分发挥文献保障体系的优势，在联合编目、公共检索、馆际互借、协调采购、电子信息资源建设等方面结成协作组织，实现本地区高等教育文献信息资源的共建共享。主要的省级高等教育文献信息资源共享保障体系包括：

（一）北京高校网络图书馆

图书馆管委会由北京工业大学等五家代表组成，管理中心设在首都师范大学图书馆，成员馆为北京市属高校的 27 家图书馆。其建设目标是：改变以往各校

文献资源自我保障、分散发展的管理模式，依托中国教育科研网，充分利用北京地区高校图书馆丰富的馆藏资源，在各图书馆专业特色馆藏建设基础上，建立"北京地区高校文献资源共享服务体系"，使网上的资源与服务功能达到较高水平，形成对北京地区高校网上文献资源的重要补充和教学科研所需文献的联合保障，为北京地区高校的教学科研提供信息支持和咨询服务。

北京高校网络图书馆建设内容如下。

第一，建立了北京高校网络图书馆门户网站，搭建起资源利用与检索平台、用户咨询与服务平台、馆员交流与培训平台、系统管理与服务平台。

第二，有选择地联合引进一批中外文文献数据库，通过全资购买、补贴购买、组团购买等方式，支持各成员馆共享、分享、建设数字文献资源，实现了网络文献资源的共建和共享。

第三，有计划地联合建设一批具有学科和专业特色的文献数据库、学位论文数据库、指定教学参考书数据库、素质教育数据库等。

第四，根据各馆的需求开展馆际互借和文献传递。

第五，进行图书馆管理人员和专业人员的继续教育培训。

（二）上海教育网络图书馆

上海教育网络图书馆是上海市教委组织实施的文献资源共建共享保障体系的重大项目。该项目的主要功能是在上海地区各级各类学校间实现图书文献资源与信息服务的共建、共知、共享，以提高上海地区文献保障率和信息服务水平。该项目是建设在上海教科网平台上的数字图书馆，依托网络化、数字化的统一服务平台，通过使用数据化手段整合利用教育信息资源，将传统的图书馆和因特网检索、传播工具有机地结合起来，为上海市各教育单位的教学、科研提供更完善、更有效的公共服务保障设施。上海教育网络图书馆的建设和发展标志着上海教育信息化建设已进入资源共享、深度利用的高水平、实用性方向发展。

上海教育网络图书馆的建设目标是在上海市教委的领导下，把国家的投资、新的图书馆理念、先进的技术手段、丰富的文献资源和人力资源结合起来，依托上海教科网和"校校通"的平台优势，开展文献信息服务网络建设和文献信息资源及数字化建设。

上海教育网络图书馆的主要任务是数字文献资源的联合采购、联合编目、联合开发、联合服务，真正实现共建、共知、共享。以上海教育与科研计算机网为依托，初步建成上海教育文献保障体系的基本框架；在各校图书馆开展系统化的数字学术资源建设；为各校文献信息服务与资源共享的深层次发展奠定基础；与上海教育与科研计算机网共同构筑上海教育公共服务体系，使之成为上海重要的信息基础设施之一。

经过几年的发展，上海教育网络图书馆已建成了全市高校图书馆简介数据库、书目查询数据库、期刊查询系统、资源导航、特色数据库及期刊全文数据库等。这个网络图书馆在整合文献信息资源优势的基础上，将重点放在了电子文献和全文数据库的网上服务，电子资源已成为上海教育网络图书馆虚拟馆藏资源的重要组成部分。各校图书馆加盟上海教育网络图书馆共 252 次，受益学校 152 所；在管理中心建立了 4 个数据库的镜像（本地服务）服务器；引进数据库的使用量逐渐上升；资源对用户需求的保障能力有较大提高。

（三）江苏省高等教育文献保障系统（JALIS）

在南京大学设立"项目建设管理中心"，专家组作为咨询和监督机构，对项目建设的过程进行论证和评估，管理中心负责项目的具体实施，从而全面启动了"江苏省高等学校文献信息保障系统"（Jiangsu Academic Library & Information System，简称 JALIS）的建设，正式拉开了 JALIS 建设的序幕。

JALIS 是江苏省教育厅领导下的重点项目之一。JALIS 的建设是 CALIS 建设的一个组成部分，在全国 CALIS 管理中心的统一领导和组织下，积极开展项目的实施。

JALIS 的建设目标如下。

第一，JALIS 的建设是 CALIS 建设的一个组成部分，在全国 CALIS 管理中心的统一领导和组织下，积极开展项目的实施。

第二，通过 JALIS 的建设，21 世纪初，全省高校图书馆系统初步形成结构优化、布局合理、配置精当的文献收藏系统，建成江苏省高校联合目录数据库和一批具有特色的专题文献数据库，并与引进国内外光盘数据库相结合，初步建成全省较为完整的、多层次服务的体系框架，为进一步的发展打下良好的基础。

第三，依托 CERNET（中国教育科研计算机网）、JSERNET（江苏教育科研计算机网），采用现代信息技术和手段，开发新一代的、面向网络化、面向未来信息社会的图书馆自动化管理软件，为提高江苏省高校图书馆信息管理工作的现代化水平，为实现文献资源的共建、共知、共享提供基础的技术平台。

第四，初步建设若干个文献和地区中心，以各个中心为依托辐射周边地区和相关的院校，并以此为骨干，实现文献资源的共建、共知、共享。

第五，借助于虚拟馆藏，获得世界范围内的最新信息，初步形成江苏高等教育文献信息的保障网络，从而保证江苏省高等教育现代化建设目标的顺利实现，并为江苏省的经济发展和社会进步做出积极的贡献。

（四）山东省高等教育文献保障体系（SDALIS）

山东省高等教育文献保障体系（Shandong Academic Library & Information System，简称 SDALIS）的发展目标是：依托现代网络技术和条件，经过科学论证和整体规划，合理布局、分工协调，建立实体资源和虚拟资源相结合的文献资源保障体系，推动和引导全省高校图书馆采用新的信息技术和服务手段，建设一个先进的、方便快捷的文献服务体系，以此推动山东省高等教育资源的优化配置，实现文献信息资源的共建、共知、共享，提高全省高等学校教学科研的文献保障水平，为山东经济、文化教育事业的发展发挥应有作用。SDALIS 的建设是与"中国教育与科研计算机网"（CERNET）及山东各高校的校园网建设相互配合，与"中国高等教育文献保障体系"（CALIS）相互补充，使资源网与信息网协调发展，借助于现代化的信息技术手段，建设一个整体化、自动化、网络化、数字化的现代文献保障体系，为山东省高等教育发展和科学研究提供高水平、高效率的文献保障和文献服务。

第三节　我国高校图书馆信息资源保障体系建设对策

一、高校图书馆馆藏信息资源的需求特征

馆藏资源是图书馆为读者提供信息资源的物质基础，高校图书馆必须根据自身的需求特征来构建馆藏信息资源。

（一）馆藏信息资源要"全""新""快"

高等学校图书馆是学校的文献信息中心，是为教学和科学研究服务的学术性机构，是学校信息化和社会信息化的重要基地。馆藏信息资源应具备几下几点。第一，信息资源要"全"。教学与科研的进步和发展需要大量的、全面的、丰富的本学科及其相关学科的信息资源作为支撑。第二，信息资源内容要"新"。当今世界科学发展突飞猛进，新理论、新技术日新月异，高水平的科学研究有赖于掌握更新的学科前沿信息。只有掌握学科最先进的研究动态与最新的研究成果，才有可能抓住和驾驭学科前沿。第三，信息资源传递服务要"快"。教学科研只有不断地、快速地找到和发掘新的学科生长点，才能在科学领域有所突破，焕发生机。图书馆要跟上教学科研发展的步伐，只有快速高效地提高信息传递的速度

和质量，才能满足教学科研对信息资源服务的要求。

（二）馆藏信息资源要形式多元化、传递网络化

高校图书馆要满足读者用户对信息资源多元化的需求，就要收藏除文本信息（全文信息和题录信息）以外的大量非文本信息，如图形、图像、声音、视频等，使信息资源呈现多类型、多媒体、非规范性等多元化特点。

计算机技术、通信技术、网络技术的迅速发展，使读者可以轻松利用网络来迅速传递信息，读者只要登录网站，轻点鼠标，即可在几秒内看到自己想要查阅的信息，信息的网络化传递便利了读者轻松获取和利用馆藏实体资源与虚拟资源。

（三）馆藏信息资源要实现资源整合

资源整合是资源优化组合的一种存在状态，是依据一定的需要，对各个相对独立的资源系统中的信息对象、功能结构及其互动关系进行融合、类聚和重组，重新结合成为一个新的有机整体，形成一个效能更好、效率更高的新的资源体。

运用各种技术、方法和手段对图书馆所拥有的众多资源进行系统化和优化，目的是将所有的馆藏资源透明、无缝地集成在一起，以保持知识体系的完整性，实现不同信息资源的有效沟通，满足学校教学、科学研究的需要，形成网上统一的馆藏体系。

（四）馆藏信息资源要共享化

读者用户对馆藏资源的利用不再受时间、地理位置的限制，真正成为全校师生可以共同开发挖掘的"财源"。甚至不是本馆的读者都可以通过网络直接利用本馆的信息资源，本馆的资源通过网络连接到世界各地，大大提高了信息资源的使用效率，从而使资源共享变为现实。

二、高校图书馆信息资源保障体系建设对策

（一）高校图书馆信息资源保障体系建设总体策略

1. 制定法律和政策保障机制，确保高校图书馆信息资源保障体系建设的良性发展

构建信息资源保障体系必须有章可循，有法可依。对本馆信息资源发展过程中涉及的诸如经费分配方式、馆藏资源荐购、各类型资源的复本量、馆藏评价、

盘点与维护、馆藏剔除、馆际合作和读者意见处理等每个问题都做出具体的规定，向读者予以公布，成为沟通图书馆主管部门、图书馆和广大读者的纽带，帮助图书馆获取更多的经费和建立良好的公共关系，推动高校图书馆的信息资源建设向规范化和科学化方向迈进。

2. 通过资源共建共享，建立图书馆信息资源联合保障机制，最大限度地满足读者的信息需求

当前随着现代信息技术的迅速发展，读者的信息需求出现个性化、多元化、集成化的特点。任何一家图书馆，仅仅依靠自身馆藏都无法满足所有读者的全部信息需求。资源共建共享是现代图书馆发展的方向，也是时代赋予图书馆的要求。已有越来越多的高校图书馆参与了信息资源共建共享活动，走资源共建共享的道路，对各高校图书馆信息资源收藏的学科范围和层次进行整体规划，分工协调，减少相互重复采购、入藏，才能从整体上达到比较高的信息覆盖率，才能最大限度地满足读者的信息需求。经过数年的发展，该联盟在联合借阅、协调订购、学术交流、数字资源共建共享等方面取得了显著的成果，已建设区域资源平台、外文期刊联合目录、免费电子全文库、创新参考文摘库、期刊评价与投稿系统、在线信息素质教育等数字资源系统等，促进了区域图书馆整体服务水平的提高，有效地保障了各成员馆的信息需求。

3. 注重高校图书馆的科研特色馆藏建设

高校的两大重要职能就是教学和科研。高校图书馆的首要工作就是能够为学校日常的教学和科研提供基础的信息资源保障。在此基础上，必须加强高校图书馆本身的科研特色馆藏的建设，不仅对重点学科的主要研究项目加以跟踪并提供全方位的信息支撑，在确保其正常运转的情况下，提供该学科相关的信息资源，使该学科领域的信息资源在数量、品种、类型等方面具有一定规模和优势，有较高的学术品位和情报价值，并且要进行科学的组织管理，使其具有多种检索途径和检索功能。

搞好科研特色馆藏，要优化馆藏结构，突出专业特色。对本院校的重点学科及科研情况做全面了解，并及时跟踪国内外相关学科的研究动态，资源采购计划要有针对性，做到广泛收集信息资源、灵活运用信息资源采访渠道，调整信息资源采购策略，凸显本校学科特色制订符合重点学科发展的馆藏发展规划。搞好科研特色馆藏，除了收集国家出版社正式出版的某一学科领域的信息资源外，还要注重地方资源中非正式出版物的收藏，如会议文件、简报、内部杂志、各团体的文件、地方性的刊物、地方专家学者的手稿等。图书馆要在收藏信息资源的同时，注重对现有馆藏资源的开发，将特色馆藏转化为二次、三次资源数据库和专题数据库，以适应通信和网络技术的发展，方便读者，提高利用率。

4. 开展个性化信息服务，增强读者的信息意识和信息能力，保证信息资源的有效利用

高校图书馆信息服务必须根据读者的个性特征、兴趣爱好、行为需求，收集和提供专指性较强而且适应读者个性化需求的个性化信息服务。开展图书馆个性化服务的途径包括：一是建立个性化服务标准。通过个性化服务实践，把握个性化信息服务的原则，对读者信息进行定量研究；通过 E-mail、BBS、FTP 等形式，加强与读者的交流，以便及时改变服务方式和服务内容，实现对个性化信息服务的规划、协调和控制。二是利用数字化、网络化技术构建个人数字图书馆。数字化、网络化技术的方便快捷使得数字化资源、网络化传递成了人们有效利用图书馆信息资源的工具。为提高图书馆个性化信息服务水平，图书馆应把选择信息、创造知识和组织知识的自由交还给读者，在不断完善数据化的同时帮助读者依据自身需求特点构建个人数字图书馆。个人数字图书馆对知识的范围和深度进行筛选和控制，使读者对收集到的信息资源进行科学合理的利用，从而帮助个人掌握非常实用的知识，实现真正意义上的高质量信息服务。三是开展读者文献信息检索课，增强读者的信息意识和信息能力，保证信息资源的有效利用。信息检索课是提高大学生信息能力的有效途径之一。图书馆可以针对读者不同层次专业特点、行为爱好及需求特点，通过系统的信息检索方法，指导读者使用主题词—分类号对照表，利用关联词语检索，或者关键词内容范围的扩大与缩小检索。另外，在开展读者文献检索课的同时，也要有针对性，提供适用其专业的信息知识，指引读者的兴趣爱好和思维习惯向科学合理化的方向发展，帮助读者构建出更符合社会进步与专业学科发展规律的新型信息知识结构模式，逐渐强化读者对情报的捕捉能力及科学的思辨能力。

5. 全面推行标准化，进行图书馆信息资源的整合，强化高校图书馆信息资源保障体系建设

标准化是实现信息资源共建共享的先决条件。这里说的标准化不仅限于文献工作的标准化，而是拓展为信息管理的全面标准化。比如在高校图书馆要推行信息技术、信息加工、信息服务网络建设、信息记录、信息检索、信息传递等方面的标准化工作。

图书馆信息资源整合是指按照一定的标准、规范，将图书馆范围内的文本资源、数据库资源、网络虚拟资源、光盘资源、自建数据库资源等各种载体形式、多种存储途径、多种信息类型、内容分散杂乱的信息资源进行优化重组，使其有机结合在一起，实现图书馆资源采集、分类、编目、典藏、流通等工作的融合，使读者能够在统一的检索平台下通过标准的数据存取模式完成对不同数据库和信息资源的检索利用的资源集合体。图书馆信息资源整合实质是图书馆根据自身特色，从服务读者、方便读者的角度出发，按照一定的组织和规范，通过一些先进的技术和管理，将原来分散、独立的信息资源进行融合、类聚和重组，以实现不同文献类型、不同数据库资源之间无缝链接，形成一个有机的系统整体，让读者的检索、使用等工作变得简单、快捷、高效。

（1）图书馆信息资源整合的意义

高校图书馆信息资源整合的实现有助于高校图书馆信息资源体系建设，表现在：第一，有效促进信息资源的有序化；第二，对信息资源进行过滤，减少信息污染；第三，提高信息资源的利用效率；第四，为信息资源服务提供了基础和平台；第五，资源的整合有利于开展信息资源的有效评价。

（2）信息资源整合的对象

信息资源整合的对象是信息资源整合机制的关键环节。资源整合的对象包括：①不同载体、不同类型的信息资源之间的整合，包括印刷型、电子型、网络型、虚拟资源的整合；②各种电子资源的整合，如电子图书、电子期刊、光盘数据库等；③本地资源和远程资源之间的整合；④图书馆内部资源和外部资源的整合。

（3）图书馆信息资源整合的方式

包括以下四种方式：①汇合整合方式，主要是基于OPAC资源系统的一种整合方式；②组合整合方式，是多个数据库系统的有机优化整合；③重组整合方式，是基于数字图书馆应用系统的一种资源整合方式；④一体化综合整合方式，是在OPAC资源整合系统和数字图书馆资源整合系统之间再建立多维关联，实现各种元数据之间及其他资源对象之间的互操作。

（4）图书馆信息资源整合的发展方向

①形成多媒体、多语种、多文化的信息资源的整合。

在当前网络环境下，信息资源的整合不仅包括印刷型信息资源，还包括以文本为主的电子期刊、图书、报纸等，又包括数字化图片、音频、视频等数字资源及在互联网上大量存在的网络资源，即多媒体的信息资源。网络无国界的特性也使得信息的查询不再仅限于某地区、某主题，或某文化，而具有跨文化的特性。因此，对多语种信息资源的整合非常有必要。虽然多媒体、多文化、多语种信息的整合检索并非易事，但已是目前图书馆用户的迫切要求，也是图书馆发展的重要目标。

②由馆内资源的整合向馆外延伸发展。

目前，高校图书馆都以整合馆内信息资源为主，随着图书馆联盟和资源共享的发展，今后还要向整合馆外资源的方向发展。即除了能检索本馆馆藏书目系统、数据库资源外，还能整合检索网上其他图书馆的资源，而不论它们的资源类型、存放地点、检索界面及采用的技术，如 CALIS 系统、NSTL 系统等。高校图书馆可以通过超链接的方式有效利用这些馆际信息资源，资源整合是图书馆信息资源建设的核心内容，也是未来图书馆的发展方向。

③信息资源的服务和功能将越来越丰富。

高校图书馆信息资源整合是在信息时代为满足读者多样化需求，提高信息服务效率，强化信息服务功能的战略考虑和具体实现。信息资源的多样性、读者需求的多样性决定了高校图书馆信息资源整合是一个复杂和长期的过程。目前，图书馆的整合系统以全文资料的浏览、检索和提供为主，其功能也比较单一，并且用户使用起来比较麻烦，如步骤多、界面不够友好等。将来的整合系统除了利用Web 方式提供功能化的检索服务外，还将整合进越来越多的服务，如馆际互借、文献传递、文献复制、多媒体教育、信息咨询、专题定题服务、参考咨询服务等。目前的资源整合系统还停留在初级阶段，用户可选择的功能少。今后的发展方向是充分体现交互性并且界面可随着用户的需求变化而改变。

④馆际协调与合作不断加强。

图书馆信息资源整合的实现是一项大工程，需要图书馆进行全面系统的考虑，合理地选择各种整合方式。其实施过程中涉及图书馆大部分部门和工作人员。需要图书馆进行信息技术构建的，随着信息技术的发展，更具人性化、个性化特点的服务模式将展现在用户的面前，为用户提供更加便利的服务。资源整合的目的是以更便捷的方式为读者提供更丰富的资源。任何图书馆的资源都是有限的，而读者的需求是无限的。因此，高校图书馆正逐步建立相互协作机制，通过馆际协作在最大限度上满足读者的信息需求。CASHL 的建立与发展正是代表了这种趋势，通过文献传递与馆际互借实现信息资源需求的共同保障。

6. 建立人才保障机制，加强信息资源保障体系建设的人才培养

图书馆信息资源保障体系建设需要高素质的人才才能保证各项工作的顺利开展。任何建设环节跟不上整体建设步伐都会影响整个保障体系的建设情况。人才是开展各项工作的必要条件。一支合格的信息资源保障体系建设队伍，是整个信息资源保障体系建设的人才保障。尤其是网络环境下数字信息资源建设不断被赋予新的内容、新的形式。大量的外文信息资源、不断更新的计算机技术等要求信息资源保障体系建设人员必须在观念、业务能力、外语、计算机、知识结构、技术水平等方面不断提高和充实自己，以适应形势发展和信息资源建设工作的需要。高校图书馆一方面可以通过举办各种业务技能培训活动，强化在职人员的继续教育，另一方面要建立良好的人才吸纳机制，为图书馆信息资源保障体系的建设提供足够的人才支撑。

7. 加强经费保障机制，多渠道获取资金投入，寻求高校图书馆之间的利益平衡

高校图书馆信息资源保障体系的建设需要充足的经费作为支撑，经费是建设的前提条件。为解决经费问题，首先，需要国家加大对高校信息资源保障体系建设的投入，其次，需要广泛争取社会各界的支持，多方筹集资金。国家应该大力宣传和强调信息资源保障体系建设的重要性和迫切性，从政策上鼓励社会上的企业参与进来，争取到更多的社会赞助。

高校图书馆信息资源保障体系的建设需要走资源共建共享的道路，但是高校成员单位之间的"输入""输出"的多少容易造成利益失衡。因此，要有效地实现信息资源共建共享，就必须制定正确的政策，建立一种利益平衡机制，使参与的各高校成员馆之间能够依据它们在信息资源共建共享中的投入和贡献，获得相应的利益，这样信息资源共建共享的活动才能顺利长久地进行下去，从而促进高校图书馆信息资源保障体系建设的快速发展。

（二）高校图书馆学科信息资源保障体系建设

1. 学科信息资源保障体系在学科建设中的作用

纵观世界，每一所知名的大学都有一流的研究领域、学术专家和学术成果，为社会培养了大批高水平人才。学校的竞争实质就在于学科实力的竞争、专家的竞争和贡献社会能力的竞争。学科建设是高等学校的一项重要的战略任务，也是

学校建设的核心内容。学科建设是围绕提高学科水平所做的一系列基础性工作，它是一个系统工程，是集学科方向、学术队伍、科学研究、人才培养、学术交流于一身的综合性建设，是教学、科研和人才培养的结合点。因此，高校图书馆学科信息资源保障体系建设是一项系统工程。

在学科建设中，信息资源保障体系的作用表现在以下三方面。

（1）为科学研究提供充足的信息资源

科学研究是促进学科建设的内在动力，科研水平是判断学科建设实力的重要指标。

学科信息资源使专家学者能及时了解学科的前沿动态和最新发展方向，对确定科研课题、明确研究方向有较好的导向性作用。高水平论文的发表、专著的出版离不开学科信息资源保障体系的支撑。

（2）丰富学科队伍知识结构

高校高素质的专家人才队伍是学科建设的主力军。他们的科研水平和综合素质影响学科建设。构建学科信息资源保障体系，为建设一支高素质的学科队伍提供了内容新颖、形式多样的培训资料，有助于丰富学科队伍知识机构。

（3）夯实人才培养基础

人才培养质量涉及教学与教材质量、学生学位论文质量、学生综合能力质量。教师在编写教材、从事教学的每一个阶段都需要参考最新的国内外学科研究动态。学科信息资源保障体系方便教师了解学科前沿知识，从而使课程教材及教学过程能满足当今学生的需求。学生需要在查找大量相关研究文献的基础上进行学位论文的写作。学生综合能力尤其是科研能力的提高，是在不断参与科学研究的基础上累积而成的。学科信息资源保障体系为学生的学位论文写作和提高科研能力提供了可靠的资源支撑。

2. 高校图书馆学科信息资源保障体系的构建策略

高校信息资源建设者应处理好印刷型信息资源与数字信息资源、一般信息需求与学科信息需求的关系，协调好图书馆与院系图书馆（资料室）间的关系，并采取一系列共建共享等保障措施，使高校图书馆学科信息资源保障体系始终处于向上发展状态，为高校学科建设提供更完善的服务。

（1）正确处理现实信息资源中印刷型信息资源和数字信息资源之间的关系

①以读者需求为导向，提高印刷型信息资源建设质量。

印刷型信息资源仍然是高校图书馆不可或缺的一种信息资源，是高校图书馆信息资源建设的重要组成部分。一家图书馆的现实馆藏应该能满足自己用户需求的80%以上，因此印刷型信息资源是馆藏的收藏重点，也是信息资源保障的基础。在现实资源的建设中，高校图书馆应把印刷型信息资源建设的着眼点放在"用"字上，印刷型信息出版物品种多样，涉及各个学科门类。从学科建设的角度出发，根据学校的教学和科研需要，通过多种途径有计划、有重点地选择采购与学科建设相关的文献资源。为了提高印刷型文献资源采购的针对性，馆藏建设应该具有针对性，保证较高的文献资源利用率，要加强文献资源利用率的跟踪调查，在调查读者需求的基础上，结合学科建设需要，进行印刷型信息资源建设，提高印刷型信息资源建设质量。再者，控制采购印刷型信息资源的复本量，增加其品种。如图书采购复本量的确定，主要是综合考虑学科读者人数、学科文献利用率、学科文献年出版数量、学科文献的半衰期及文献价格等多方面的因素，实行复本"不均衡采购原则"。

②加强数字信息资源建设，与印刷型信息资源形成互补。

数字信息资源具有种类多，检索、阅读、下载方便，不受时间、地点限制，多用户共享等特点，在很大程度上解决了图书馆印刷载体复本少、藏书空间不足与拒借率高的矛盾。所以，数字信息资源已成为高校图书馆信息资源的重要组成部分，十分适用于满足高校师生对学科前沿知识信息的需求，受到教师和学生读者的广泛欢迎，并成为教学和科研所需资源的有力保障。是否能处理好印刷型信息资源和数字信息资源的关系直接影响到高校图书馆信息资源保障体系建设的好坏。因此，对于一些知识更新速度较快的学科研究领域，在配置馆藏信息资源的时候，应合理引进数字信息资源，建立数字信息资源科学评估体系，优化高校图书馆数字信息资源建设，综合评价数字信息资源，调整数字信息资源结构。要对数字信息资源与印刷型信息资源之间的信息进行查重，定量分析数字信息资源与印刷型信息资源配置比例，实现馆藏学科信息资源的科学化配置。除此之外，挖掘、整合网络免费资源，作为补充馆藏的一个重要手段和途径，可以丰富学科专业资源。目前网络出版的免费期刊越来越多，比如公开获取（OA）期刊，其中不乏一些学术质量较高的可以免费阅读的全文。通过图书馆主页链接、微信公众号推送等方式让更多的用户能够了解并利用免费期刊资源，同时抓好满足学科需求的网络信息导航服务。在互联网上寻找并整合导航素材，然后分门别类，设立导航栏目，做好相关链接，为用户有效地利用网络信息资源提供便捷的途径。

（2）处理好一般信息需求与学科信息需求的关系

高校图书馆馆藏学科信息资源体系是一个科学的知识体系，坚持馆藏学科信息资源体系的系统性，是建设高质量馆藏学科信息资源体系的重要保证。但是同时要保持馆藏信息资源在内容上的完整和学科之间的内在联系。从纵向看，高校图书馆对于一些学校重点学科门类的馆藏信息资源要在内容上保持本学科内在的历史延续性和完整性，包含该学科从基础理论到高端技术和科学前沿的全部内容。从横向看，高校图书馆的馆藏信息资源要能够反映出各门学科之间的交叉、渗透关系，各学科、各类型馆藏信息资源保持合理的比例。在校大学生是高校图书馆服务的主要对象，高校图书馆应该保障他们对信息资源的一般信息需求。学生人数众多，自我信息资源保障能力较差，对图书馆的信息资源依赖性较大，其信息资源需求主要集中于专业基础类、科普类和休闲类等信息资源。高校图书馆在采购印刷型信息资源和数字信息资源时，应考虑满足学生读者的一般信息需求。

高校图书馆作为教学和科研服务的文献信息中心，在学科建设中起着重要的文献保障作用，是教学、科研及学科建设的重要支撑力量，因此要保证学科信息资源能够满足本校师生进行科学研究的学科信息需求；能够保障其对本学科专题的整体信息需求。同时要注意学科间的联系和学科建设的特点，遵循"保证一般，突出重点"的原则，有针对性地对这些学科信息资源进行建设。

（3）协调好校图书馆和院系图书馆（资料室）学科信息资源建设的关系

①校图书馆和院系图书馆（资料室）服务宗旨和分工不同。

校图书馆和院系图书馆（资料室），都是高校信息资源保障机构，在高校教学和科研中都有着重要地位。校图书馆是为全校师生员工教学科研提供综合信息服务的重要场所，其信息服务重点是教学与科研并重。而院系图书馆（资料室）侧重于为本院系的教师进行科研提供信息服务，信息服务的重点在科研。校图书馆的馆藏信息资源建设应突出广泛性和综合性，密切关注本校各个院系所有专业及其基础学科、边缘学科和交叉学科的印刷型资源和数字资源的建设。此外，还收集一些与本校各专业不太相关，但对师生扩大知识面和提高素质及综合能力有用的印刷型资源和数字资源，以配合高校的"通识教育"和"通才教育"。院系图书馆（资料室）的信息资源建设应发挥本院系地利人和的优势，结合本院系学科建设和研究方向，向高、深、专的方向发展，不断跟踪学科的发展动态和前沿领域，并与相关国内外教学科研单位保持经常性业务联系，突出专业性、学术性和针对性。

②加强校图书馆与院系图书馆（资料室）的合作与交流。

高校图书馆与院系图书馆（资料室）分离的情况比较普遍，这种做法不仅不利于学科信息资源共享，也不利于校图书馆与院系图书馆（资料室）之间的沟通。与校图书馆相比，各院系图书馆（资料室）由于占有地利人和优势，可以更及时地了解读者的学科信息需求，更容易与读者建立互动关系，而校图书馆所拥有的人力和技术等资源，是院系图书馆（资料室）所缺乏的。为了平衡不同学科信息需求，对于各院系图书馆（资料室），其信息资源应统一到校图书馆管理系统中，在财力、物力和人力方面进行整体规划和协调，既可以确保校图书馆在学校的学科馆藏信息资源建设的连续性，又可以借此避免由于院系图书馆（资料室）学科信息资源不足引起的院系图书馆（资料室）之间的发展不平衡。校图书馆主要为教学、一般需求和相关学科研究的信息需求提供服务，院系图书馆（资料室）主要为科研信息需求提供服务。这样的模式既可以统筹协调高校读者对综合信息的需求，又可以及时了解读者对某个学科领域馆藏信息资源建设的反馈意见，是数字环境下高校图书馆保持一般信息需求和学科信息需求之间平衡的一个可行办法。基于馆藏学科信息资源的共享，以校图书馆为中心，把各院系的图书馆（资料室）通过改制纳入全校学科信息资源共享体系中，形成以校图书馆为主、以各院系图书馆（资料室）为辅的学科信息资源共享模式。在这种模式下，对院系图书馆（资料室）的学科信息资源进行整合，将其纳入校图书馆学科信息资源建设统一平台中。

第四章　高校图书馆信息资源的共建共享

第一节　高校图书馆信息资源共建共享基础

一、高校图书馆信息资源共建共享概述

（一）高校图书馆信息资源共建共享的概念

在传统技术条件下，信息资源共享一般是指信息物质载体的共享，即文献的共享。这种信息资源共享由于受到共享成本的限制，只能在一定空间、时间范围内有限地共享。

在网络环境下，高校图书馆信息资源共享是在全球范围内充分开发利用信息资源，是一种信息资源生产者、加工者、服务者与用户之间的广泛共享，他们的职能及角色的区分变得模糊，是一种真正的信息共享，不再只是文献的共享。一方面，伴随着知识经济的兴起，以计算机技术、现代通信技术、网络技术和多媒体技术为主要特征的现代信息技术正在得到长足的发展，它们为信息资源的共建共享奠定了可靠的物质基础，表现在计算机网络能够随时随地给用户提供大量信息资源。数字化技术使信息的复制变得更加简单，网络传输使信息能到达遥远的地方，无线通信能轻松地跨越地域的障碍，可将时间和距离几乎缩小为零，使世界成为一个"地球村"。正是由于网络这种无限扩展的特性，每个国家、单位、个人都有可能联入网络，实现跨时空的信息资源共享。一方面，在网络环境下，信息异地传播的成本将极大降低，几乎可以忽略不计，充分发挥了网络跨时空的资源共享优势。另一方面，诸如文献信息资源数量的激增与信息机构资金匮乏的矛盾，用户信息需求的广泛性、层次性与信息服务机构个体能力有限、开发不足的矛盾，以及不同地域间信息资源发展的不平衡与地区经济发展需求的矛盾等问

题的激化，迫使我们不得不将信息资源的共建共享提到议事日程上来，这是信息社会化大环境下所有信息机构的选择，更是现代高校图书馆的必然选择。

所谓高校图书馆信息资源共建共享，是指高校图书馆或其他信息服务机构在自愿、平等、互惠的基础上，通过建立高校图书馆与图书馆之间及其他信息服务机构之间的各种合作、协作、协调关系，利用各种计算机技术、媒体方法和途径，开展共同揭示、共同建设和共同利用信息资源，以最大限度地满足用户信息资源需求的全部活动。

（二）高校图书馆信息资源共建共享的理念

高校图书馆信息资源共建共享理念同信息资源共享宗旨是一个概念，都强调信息资源共享的出发点。国外学者认为，资源共享是共享者对共享的信息资源所完成的一种共同的管理方式，目标是提供积极的净效益，资源共享本身不是目的，而是共享用户服务方式的一种改进。这代表国外从信息资源本身收藏向信息服务转变的一种理念变革。

在我国高校图书馆信息资源共享的理念则是提高信息资源利用率。在网络环境下，信息资源保障不再是拥有信息的同义词，保障能力具体化为可获知能力与可获得能力。网络环境下的信息资源共享模式从"重拥有"转化为"重存取"，并强调信息资源的存取和传递，这种模式将成为信息资源共享的主要活动范式。而在网络环境下获取信息资源不再是信息资源的本体，而是信息资源的网络使用权。信息资源的获得，则有购入、入网、联机使用权、租用、交换和免费等多种方式。我国信息资源的利用率不高，所以信息资源的流动和共享必然带来效率的改进和提高。

（三）高校图书馆信息资源共建共享的最终目标——"5A"理论

信息资源共享的最终目标为：任何用户（Any user）在任何时候（Anytime）、任何地点（Anywhere），均可以获得任何图书馆（Any library）拥有的任何信息资源（Any information resource），即"5A"理论（或称"5A"目标），其具体意义如下：

1. 任何用户（Any user）

其有两方面的基本意义：一方面，任何用户均应享有平等利用信息资源的基本权利；另一方面，高校图书馆应该不论学生和教职工级别不论校内还是校外用户，均提供平等的信息资源服务。

2. 任何时候 （Anytime）

其有两方面的基本意义：一方面，高校图书馆用户在利用信息资源时不应该受到图书馆开放时间的限制；另一方面，高校图书馆应该提供一天 24 小时、一年 365 天全天候开放服务。

3. 任何地点 （Anywhere）

其有两方面的基本意义：一方面，高校图书馆用户在利用信息资源时不应该受到自己所处地理位置的限制；另一方面，高校图书馆用户在利用信息资源时不应该受到高校图书馆所处地理位置的限制。虽然在现实环境下，要做到这一点几乎不可能，但是在网络环境下，这已经成为可能和现实。

4. 任何图书馆 （Any library）

其有两方面的基本意义：一方面，用户应有机会利用图书馆的信息资源；另一方面，高校图书馆与图书馆之间应该建立尽可能广泛的信息资源共享关系。只有这样，才能共享有限的信息资源，才能充分发挥信息资源的社会效益与经济效益，才能够实现真正意义上的信息资源共建共享。

5. 任何信息源 （Any information resource）

其有两方面的基本意义：一方面，高校图书馆用户拥有自由利用高校图书馆信息资源的基本权利；另一方面，高校图书馆在提供信息资源服务时应该在法制的前提下自觉地抵制对各种信息资源的审查。

显然，"5A" 理论只是一种理想境界。这种理想境界对高校图书馆来说既是十分遥远的，又是部分可望而部分可及的，因为高校图书馆要完全实现"五个任何"的最终目标就必须排除各种障碍因素，而在政治、经济、文化、技术等方面存在的障碍因素，绝不是一朝一夕就可以排除的。从某种意义上讲，这些障碍因素或多或少、或强或弱地总会存在。尽管如此，高校图书馆的发展历史已经证明：高校图书馆的每一个发展和进步都在不断地向这种理想的目标一步一步地迈近，这也正是高校图书馆信息资源共建共享目标的永恒魅力所在。

（四）高校图书馆信息资源共建共享的时代背景与现实意义

1. 高校图书馆信息资源共建共享兴起的时代背景

（1）政治背景

信息资源共建共享作为一项社会性的事业，其发展不仅与经济、科技、文化有关，而且不可避免地受到政治因素的影响。当今世界虽然还不安宁，但和平与发展成为世界的主流。在各国内部，民主、开放已成为时代发展的趋势，保障公民平等自由获取信息的权利成为大多数国家政府治国执政的基本理念，这些为信息资源共建共享活动的开展创造了有利的政治环境。

（2）经济背景

信息是一种能够创造财富的资源。信息资源共建共享首先是一个经济学概念，经济因素对信息资源共建共享有着直接的影响。

①信息经济的兴起和发展。

人类文明发展的每一阶段都依存于一定的资源基础。几千年来，以物质、能源为基础的物质经济一直在人类经济活动中占主导地位，但也造成了自然资源状况的日益恶化。这促使人类的资源观念发生根本改变。人类逐步认识到人类有能力和有智慧通过增加知识来扩大资源。人们日益清楚地看到一个事实：一种以信息为资源基础的新型经济结构在迅速崛起，其作用日益明显，在国民经济中所占的比重越来越大，影响着整个社会经济的发展。

信息经济的迅速兴起和发展逐渐在世界经济格局中占据主导地位，使信息成为当今社会重要的经济资源，与物质、能量一起，形成"三足鼎立"的社会生产支柱。而在这三大支柱中，信息资源具有更重要的作用。谁掌握了相应的信息资源，谁就能有效地利用物质资源和能量资源，从而在激烈的经济竞争中取得主动权。人们对信息资源的高度重视，必然会刺激社会信息需求的急剧增长。信息经济的兴起和发展是信息资源共建共享活动广泛开展的根本原因。

②经济全球化的趋势。

经济全球化趋势必然给信息资源共建共享带来极大的影响。首先，经济全球化在给各国带来发展机遇的同时也给各国经济带来了挑战。其次，经济全球化使得各个国家经济发展相互依赖、相互补充，以合作、协同为主要内容的国际经济新秩序将逐渐形成。最后，在经济全球化进程中，并不排除国与国之间经济的差异性和文化、价值观等方面的特殊性。因此，许多国家从自身的利益出发，对信息资源共建共享持积极态度。

（3）科学技术背景

信息和知识资源是伴随着科学技术的发展而积累和丰富起来的。人类围绕着信息知识资源所进行的一切活动，与科学技术的发展都密切相关。当今信息资源共建共享活动的蓬勃兴起，无疑有其深刻的科学技术背景。首先是现代科学技术的高速发展，科研成果大量涌现，科学知识急剧增加，各种类型的知识信息载体数量急剧增长，世界上任何单个图书馆都不可能完备地收藏所有的信息资源。为了信息资源收集的完备程度，各图书馆之间必须协调合作，实行信息资源的共建共享。其次是现代科学高度分化与综合的整体化趋势。科学的不断发展，一方面使学科专业不断分化，学科门类越分越细；另一方面，不同学科之间的相互联系、相互渗透也在日益加强，形成了许多边缘学科、交叉学科和综合性学科。这种专业的细化和综合化趋势，使各学科的界限逐渐模糊，联系逐渐加强。因此用户的信息需求也突破学科限制，呈现多元化、复杂化的特点，需要图书馆实现信息资源共享来满足社会无限的信息需求。再次是近几十年来，以计算机技术和远程通信技术为核心的现代信息技术迅速发展，使信息的生产、存储、传递发生了革命性的变化。网络将世界连接成为一个整体，信息的传输完全突破了时间和空间的局限。正是信息技术的迅速发展，为信息资源共建共享提供了最强有力的技术支撑，使全球性的信息资源共享有了现实可能性。

（4）文化背景

信息资源共建共享蕴含着社会和谐发展的理念，寄托着人类对未来的美好期冀，是人类丰富多彩的文化的组成部分。它发展的每一个阶段，都深深地烙上了文化的印记。今天，人类文化正从诸多方面经历着深刻的变革，这些变革正在或将会对信息资源共建共享产生重要的影响。第一，当代文化的性质从工业文化转向信息文化，信息资源共建共享是信息文化的重要特征和必然要求。第二，当代文化主体从区域文化走向全球文化，信息资源共建共享意识将普遍加强。第三，当代文化发展由精英文化转向大众文化，信息资源共建共享具有更加广泛的用户基础。第四，当代文化由注重纵向传递转向加强横向交流，信息资源共建共享将在文化横向交流中发挥重要作用。

2. 高校图书馆信息资源共建共享的现实原因

对高校图书馆来说，信息资源共建共享不仅具有广阔而深厚的时代背景，而且有直接的现实原因。

第一，信息资源数量的急剧增长与图书馆有限收藏能力的矛盾加剧。

第二，信息需求的多元化、广泛性和复杂性与图书馆满足需求的能力形成强烈反差。

第三，网络环境使信息资源建设的整体协调变得更为必要和迫切。

第四，信息技术的发展为信息资源共享提供了重要的技术支撑。

第五，高校图书馆信息资源共享是全国信息资源共享的重要组成部分。

3. 高校图书馆信息资源共建共享的重要意义

（1）信息资源共享能最大限度地满足读者的需求，最大限度地提高馆藏资源的利用率，同时也最大限度地为教学和科研提供服务

目前，许多高校图书馆一方面存在着信息资源匮乏不能满足读者需求的窘况，另一方面又存在着一部分资源利用率低的问题。

高校图书馆实现信息资源共建共享以后，可以使高校图书馆不仅面对本馆读者，同时还可面向合作的各个信息机构的用户及校外用户，这样一来就大大拓宽了用户范围，不仅盘活了高校图书馆滞留的资源，提高了馆藏资源的利用率，而且能在最大限度、最大范围内满足读者的需求，极大提高读者的满足率。对各高校来说，能最大限度地为教师和学生的教学和科研服务，大大提高高校的教学质量、科研水平及人才培养的规格。

（2）高校图书馆信息资源的共建共享可以避免重复建设和信息遗漏，有利于形成高校系统的图书馆信息资源保障体系

在当今信息时代，各类载体信息数量急剧增加，任何高校图书馆都不可能收集全面的信息。在缺乏整体规划的情况下，高校图书馆只能以完善自身的信息资源体系为目的进行采集。这种信息资源建设的方式必然使得图书馆资源相互重复，缺乏特色，同时还会使得一些重要的、有价值的信息遗漏，从而大大降低整体信息资源的保障能力。

信息资源共建共享要求各馆将本馆的信息资源看成整体信息资源的一部分，并将本馆的信息资源纳入统一的信息资源体系加以规划、配置和建设。各馆重点建设自身有特色的信息资源体系，优化自身的信息资源结构，使本馆的资源能够最大限度地满足读者的需要，既节省了建设经费和时间，又能切实提高整体信息资源系统的保障能力。

（3）高校图书馆信息资源共建共享可最大限度地实现信息资源公平合理的使用

高校图书馆信息资源共建共享的最终目的，是保障全体成员馆的读者能够无障碍地使用信息资源，能够平等、自由地享用信息资源。但是由于我国存在不同地区间经济、文化发展的不平衡状况，使得发达地区的信息资源富集，而不发达地区的信息资源匮乏，这种信息资源地域分布的不均衡状况又加大了经济、文化发展的差距，从而影响了社会的和谐、稳定、持续发展。信息资源共建共享，就

是对信息资源在全社会进行合理配置，这样有利于消除区域间的信息鸿沟和隔阂，保障每个公民的基本文化权利，达到在信息资源面前人人平等、人人充分共享，进而促进社会的全面进步和和谐、快速发展。

（4）高校图书馆信息资源共建共享有利于国家对高校图书馆信息资源建设的投入得到优化使用和最大化的效益产出

高校图书馆信息资源建设必须遵循的一项基本原则：即用有限的经费获取较多的资源，达到最大化产出。但在缺乏整体规划和协调的情况下，各高校图书馆在采集信息资源时，既要考虑读者经常性的信息需求，采集大量的常用信息资源，又要估计到读者偶然性的需求，采集一些价格昂贵的文献资源。这样就不可避免地造成高校图书馆信息资源结构庞杂，缺乏特色，而且极易造成资源重复建设，让有限的经费得不到合理使用。在近年来进行的高校图书馆数字化建设过程中，就存在着多个高校图书馆对同一文献进行数字处理的现象，造成了资金的浪费。

实行了高校图书馆信息资源的共建共享，就能使各高校图书馆按照整体规划，统一部署，合理使用经费集中购买本馆分工采集的那些体现本馆特色的信息资源，并形成完整的体系，避免资金的分散使用。对于一些偶尔使用的文献，则以通过馆际交流、文献传递的形式来解决。目前许多高校图书馆组建了图书馆联盟，以集团购买的形式采集信息资源，大大节省了信息资源建设的成本，提高了经费的使用效益。

（五）高校图书馆信息资源共建共享现状

随着信息技术的不断发展，信息时代的到来，人们获得信息资源的方式发生了巨大的转变，图书馆信息资源共建共享也得到迅猛的发展。高校图书馆作为学校的文献信息中心，是为教学和科研服务的学术性机构。高校图书馆信息资源共享不仅能够提高高校教学质量，而且对于实现全国范围内的信息资源共建共享至关重要。我国高校图书馆信息资源共享建设经过十几年的发展，取得了丰硕成果，在很大程度上满足了用户的多样化信息需求。CALIS 和 CASHL 是教育部领导下，我国两大全国性的高校图书馆信息资源共享体系，其共享模式、实践经验为我国图书馆信息资源共享建设提供了范例。从服务体系来看 CALIS 和 CASHL 都是采用三级文献保障体系。CALIS 服务体系由全国中心、地区中心和省中心构成。CASHL 的资源和服务体系由 2 个全国中心、7 个区域中心和 8 个学科中心构成。CALIS 和 CASHL 的资金由国家专项资金和地方院校的投资组成。两者都是由政府投资，但又不完全依靠政府。在获得教育部专项拨款的同时，还必须由学校配套提供相应的经费。CALIS 和 CASHL 通过联机编目、合作采购、馆际互借与文献传递、虚拟参考咨询等合作共享的形式实现信息资源的共建共享。

地区性的高校图书馆信息资源共建共享也取得极大成功，如上海市文献资源共建共享协作网、湖南省文献信息资源共建共享协作网、北京高校图书馆联合体等。

（六）高校图书馆信息资源共建共享发展趋势

网络环境下，数字技术是未来高校图书馆发展的前提；网络化是未来高校图书馆发展的信息基础；集群化是未来高校图书馆的管理特征。未来高校图书馆共建共享存在以下发展趋势。

第一，传统高校图书馆、传统高校图书馆模式与数字化高校图书馆模式创新融合的新兴数字化高校图书馆、以数字化为核心结合三网融合技术与物理联网技术等的新式高校图书馆三者并存。

第二，以发挥实现跨地域、网络区域联盟、消除知识转移障碍作用的高校图书馆为主，以根据学科的分门别类及个性化偏好而建设的专业性、个性化小微型图书馆为补充。

第三，智库或研究机构将依托高校图书馆建立，与高校图书馆组成研究型图书馆，满足新时代的更高要求，实现资源的有效利用及研究的顺利推进。

第四，建立个人化、个性化、自主化校园微型图书馆，屏幕图书馆、电子图书馆将是高校图书馆发展新的形势。

（七）高校图书馆共建共享的未来：云图书馆

云计算是通过 SaaS（Software-as-a-Service，软件即服务）云服务平台为图书馆读者文献知识服务的。读者在这个知识平台可以实现查询、获取、统一管理、个人空间及在线编辑图书馆的各类文献资源等功能。同时图书馆可以提供基于 SaaS 的云计算在线信息素养平台。目前，图书馆用户信息素养培训已经被提到非常重要的地位；基于云计算的服务平台，通过整合 FAQ、课程在线学习、在线点播、基于 Web+IM 的参考咨询可以指导读者高效使用各类图书馆信息的新技术方法；以用户为中心，数据存在于云海之中，读者可以在任何时间、任何地点以某种便捷的方式安全地获取或与他人分享。

网络环境下，云计算技术在不断发展，高校图书馆建设理念也随之发生了革命性变革。在数字图书馆建设已具有一定规模的情况下，"云共享"模式图书馆的建设也显得越来越重要，它是高校图书馆信息资源共建共享发展的方向性目标。云图书馆大于云计算在高校图书馆中的应用，它包括云计算在高校图书馆中的应用实践，是多个学科技术与理论的融合，即可称之为多种理论与实践的集合，是一个群体，也可以视作某一种单一的理论与实践，是数字图书馆的未来发展模式。而云计算基础理论属于图书馆学体系之内，是图书馆学技术与理论体系未来发展的不可分割的一部分。

数字资源的共建共享离不开云技术的应用。"云图书馆"具备以下几个特点：①大大降低了图书馆资源共享的成本；②使图书馆数字资源的安全性大大提高；③信息服务手段和方式变得多样化。

二、高校图书馆信息资源共建共享的政策、原则和机制

信息资源共建共享的实质是众多高校图书馆及其他各类信息机构参与的对信息资源共同建设和相互提供利用的一种机制。因此，信息资源共建共享政策不能局限于某一图书馆信息资源建设政策的范围，而应该从宏观层次上对它进行研究。

（一）信息资源共建共享的政策

1. 信息资源共建共享政策的意义

随着现代信息技术的发展，阻碍信息资源共享的技术因素正在逐渐消失，但影响信息资源共享的人文、社会因素依然存在，如理念、体制、管理等方面的问题，在很大程度上阻碍着信息资源共享的开展。比如说理念，我们还很少从这样一个层面来理解信息资源共享的意义，即自由、平等地获取信息是一种基本人权，是我国宪法赋予每个公民的神圣权利，图书馆是国家和政府为保障公民的这种权利而进行的一种制度安排。而信息资源共享则是图书馆实现这一制度目标而选择的一种机制。这是信息资源共享的观念基础或理论基础。比如说体制，我们一直在批评的条块分割，缺乏宏观调控，缺乏统一标准等都成为束缚技术因素在信息资源共享中发挥作用的重要因素。比如说管理，由于缺乏科学的决策机制和利益平衡机制，很难保证参加资源共建共享活动的每个成员都能获得与其投入相应的利益，于是那些投入多、获益少的成员自然就失去了积极性。因此，有必要从根本上解决信息资源共享的政策问题，使信息资源共享有据可依，有人力、资

金和组织的保障，有统一的技术规范和标准，有明确的权利与义务，有相应的利益平衡与制约机制，从而为实现真正的信息资源共享打下基础。

信息资源共享正成为当代信息领域的世界性潮流。但在信息资源共享的进程中，还存在许多复杂的矛盾，如信息资源共享与知识产权保护之间的矛盾。信息资源共享是建立在信息开放、扩大流通的基础上，要求信息无偿或低成本使用，限制信息专有，反对信息垄断。而知识产权则是基于个人的创造性智力劳动成果依法所产生的权利，为权利人所独占或垄断，具有专有性、排他性，以保障社会知识创新，它所代表的是社会发展利益。显然，二者存在一定的矛盾性。国家必须通过政策的制定在二者的利益上做出比较合理的平衡。又比如说信息自由、信息公开与信息安全、信息保密，也是存在矛盾的。信息资源共享要求信息无障碍地获取，但信息保密在许多时候，尤其是在关系到国家安全的问题上，又是非常必要的。如何在这两者中寻求协调与平衡，也是信息资源共享政策应该关注的问题。

2. 信息资源共建共享政策体系

信息资源共建共享是一项系统工程，涉及面广，影响因素多，因此，信息资源共建共享政策所涉及的问题也是多方面的，它们之间相互联系，形成了一个政策体系。

（1）信息资源公共获取政策

信息资源公共获取，就是信息能够便捷地、免费或通过合理付费方式被一般公众无障碍地获取。以前我们在讨论信息资源共享时，往往是忽视信息资源公共获取问题的。其实这一问题涉及信息资源共享的基本理念，是信息资源共享政策体系的基础。信息资源公共获取政策主要包括：①信息公开政策，包括政府信息公开政策、企业信息公开政策和信用信息公开政策；②信息保护政策，主要是指信息内容安全政策、信息保密政策、保护个人隐私政策、知识产权法规政策、跨国数据流控制与管理政策等；③信息资源保障政策，包括国家、政府信息资源建设指导政策、国家信息基础设施建设政策、信息人才保障政策、信息机构管理政策等；④信息交流与合作政策，包括信息工作、信息技术及信息标准统一指导政策，国际、国内信息交流与合作政策等。

（2）信息资源布局政策

信息资源布局，就是在调查与掌握我国信息资源分布现状的基础上，有计划、有步骤地对分散、庞杂的信息资源进行科学、合理的配置，逐步使全国各类图书馆及其他信息机构的信息资源形成一个整体，使全国的信息资源对于整个社会的信息需求达到一个满意的保障程度。

信息资源布局政策，就是要确定我国信息资源合理布局的总体目标和长远规划，提出信息资源布局的原则，确定信息资源布局的模式，编制信息资源布局的方案和具体的实施步骤，规定全国信息资源保障体系的完备程度和各层次信息资源保障子系统的具体目标，提出各系统、各地区信息资源建设分工协作的任务与要求。

（3）经费与投资政策

虽然信息资源共享带来的社会效益和经济效益都是十分明显的，但是，资源共享的前提是资源共建。而在共建的过程中，必定需要更多的资金投入。例如必须建立丰富的文献资源体系作为共享的物质基础，必须建立大量的书目数据库和高效的联机检索网络作为共享资源的手段等，都需要增加经费投入。因此，国家要把信息资源共建共享作为国家信息基础设施建设的一部分加大对它的投入。政策中要确定信息资源共建共享活动经费在国家信息基础设施建设经费中的合理比例及增长速度，明确其经费来源、拨款渠道、支配权限与责任等。同时，信息资源共建共享光靠政府投入是不够的。因此，经费与投资政策要鼓励企业和社会各方面为信息资源建设投入资金，并使这种投入能够得到一定的回报。

（4）文献收集政策

文献收集是信息资源共享的一项重要的基础性工作。虽然，在网络环境下文献信息资源的"获得"并不一定要本馆"拥有"，然而，就一个国家、一个地区而言，建立一个相对完备的文献信息资源保障体系是十分必要的。这不仅是因为目前网络中全文文献资源有限，而对文献资源共享的最终用户来说，获取原始文献又是十分重要的。更重要的是，从信息安全的角度来看，中国作为最大的发展中国家，应该有能满足自己需求的较完备的文献收藏。因此，必须通过各个层次、各种形式的分工协作，尽可能地收集齐全世界所有重要的文献资料，能基本满足国内用户对文献信息的需求。

文献收集政策，在宏观层次上，就是要制定全国文献信息资源建设规划，确定国家或地区文献信息资源保障体系的结构，制定文献合作采访的策略与方法，如何进一步完善出版物呈缴本制度，如何建立全国的联合储存系统等。在微观层次上，文献收集政策要摒弃"大而全""小而全"的藏书策略，把馆藏文献作为国家或地区文献信息资源体系的组成部分。根据协调组织的要求，将所承担的学科文献资源尽量收集齐全。同时，要建立并保持本馆的馆藏特色，对特色馆藏采取特殊的文献收集政策。

（5）书目信息报道政策

信息资源共享的前提是书目信息资源的共享。在当今社会，文献数量浩繁、类型复杂、内容重复庞杂，如果没有一个强有力的书目控制系统，人们要获取、利用出版物，便如同大海捞针，信息资源共建就失去了意义，共享也就成为一句空话。

书目信息报道政策的主要内容包括建立全国性的书目信息报道体系和区域性书目中心的规划，确定全国联合目录建设的总体规划与协调，制定包括在版编目、统一编目、联合编目与联合目录数据库建设的书目信息资源共享计划，提出完善公共性图书馆目录查询系统的措施，制定书目著录的各项标准，协调图书馆界、情报界与图书出版界、发行界及其他各种类型的文献信息部门的书目工作，建立我国综合性的书目信息网络。

（6）文献传递政策

信息资源共享有赖于建立一个迅速、高效的文献传递系统。近年来，网络技术的飞速发展，给传统的馆际互借带来了革命性的变化。通过各种联合目录数据库和图书馆OPEA，可以了解其他文献信息机构的馆藏，并通过网络发出馆际互借的请求，用传真、扫描、电子邮件、网络内部快递服务系统等进行文献传递，大大加快了文献传递的速度。可以预见，电子文献传递将会成为图书馆在网络环境下开展馆际互借，实现信息资源共享方便而快捷的途径。

文献传递政策就是要由权威协调机构制定有关馆际互借的法规、条例、规章制度及国家标准，统一规范全国的馆际互借；明确各级图书馆在馆际互借方面的权利和义务，规定国内和国际的馆际互借范围、方式和保证措施；规划建立书目信息利用共同体和不同层次的文献传递系统；规范馆际互借的收费标准和经济结算机制等。

（7）技术支持政策

现代社会的信息资源共享是建立在先进的信息技术强有力的支持之上的。迅速发展的网络，高速廉价的信息传输手段，统一的传输协议与文本格式，使不同时空、素不相识的人们可以同时通过基于相同标准的浏览检索工具访问同一信息。所有这些，都为信息资源共享创造了有利的条件。

技术支持政策就是要根据我国的国情，采取积极和稳步发展的方针，确定我国信息资源共享技术保障的目标、途径、标准、实施方法与步骤；制定全国信息网络化建设的规划、设计、标准、组织和实施方案，加快网络通信平台的建设；制定数据库建设的规划，改变目前数据库建设力量分散、低水平重复的局面，以及小型数据库的标准化改造，加强对科技、经济和社会发展具有重大意义的科技文献数据库、科研基础数据信息库、科研成果数据库、专利数据库等大型数据库的建设等。

（8）管理政策

信息资源共建共享的运行需要有效的管理，而管理的手段就是制定科学的管理政策。管理政策涉及的内容很多，但主要应解决以下几个问题。

①实现管理体制的创新。

这是信息资源共享政策体系建设首先要解决的问题。有人提议建立国务院所属的统管全国各类型图书情报机构的行政职能部门，对全国的图书情报事业，包括信息资源共建共享进行集中管理。这一想法是不现实的，因为它不符合我国经济体制和行政管理体制改革的方向。对图书情报事业加强宏观调控是必要的，但宏观调控不等于由政府设置行政职能部门直接管理。因此，正确的思路是强化横向协调，弱化条块分割的行政约束。为此，应建立不同层次的图书情报工作协调机构，其主要职能就是在各个层次上组织和协调信息资源共享活动，制定相应的运行管理政策，包括成员馆义务和权利的规定、资源共建共享的目标、方针、发展战略和总体规划、共建共享技术规范、重大事件的决策程序、成员馆纠纷的仲裁、共建共享经费的预算、协调委员会的权限及其任期和选举等。

②在自愿、平等、互惠的基础上，建立不同类型的图书馆联盟。

从联盟的组织模式来说，可建成全国性图书馆联盟、地方性联盟、区域性联盟；从联盟的合作模式来说，可建成共建共享式联盟、会员制联盟、联合办馆式联盟；从联盟的功能模式来说，可建成单一功能的联盟、复合功能的联盟。

③信息资源共享需要富有活力的运行机制。

要通过制定正确的政策，建立一种利益平衡机制，使参加资源共建共享的各成员馆之间，能够依据其在信息资源共建中的投入和贡献，获得相应的利益，这样信息资源共建共享才能有长久的活力。

3. 信息资源共享政策体系的层次

信息资源共享政策可分为从上到下几个层次。

国家层次：主要制定全国统一的、共同遵守的国家政策，它除了为全国的信息资源共建共享提供宏观指导外，还参与国际合作体系的有关活动，共同制定国际目标与规范。

地区层次：在与国家政策相一致的基础上依据本地区的特点与优势，按照规定的义务与权利制定区域发展政策，为本地区各系统信息资源共建共享提供依据与指导。

系统层次：在与国家及地区政策相一致的基础上，按照本系统的义务与权利，规划本系统信息资源建设方向、目标，建设中心与示范馆，提供培训、咨询等。

实体层次：按照国家、地区的宏观指导，系统设定的具体目标与任务，结合本馆的具体情况，制定兼顾本馆利益和整体发展，能充分发挥本馆优势与特点的信息资源建设政策，真正建设成本馆特色鲜明，与其他馆优势互补的信息资源体系，为资源共享打下基础。同时在特色数据库建设、数字图书馆建设、网络共享及按照统一的规范与标准开展服务、馆际互借等方面制定相应政策。

（二）信息资源共建共享的原则

传统的文献信息资源建设注重各馆建设，着重满足用户的信息需求，因此，在建设中强调实用性、系统性、特色化与协调原则。共建共享改变了资源建设的目标和条件，无论是对建设状态还是建设过程都提出了新要求。信息资源共建共享原则可以分为面向结果的共建共享原则和面向过程的共建共享原则。

1. 面向结果的共建共享原则

为了达到信息资源共建共享的目标，要求共建共享活动坚持完整性原则、系统性原则和标准化原则。

（1）完整性原则

每个信息机构在其所负责的建设范围内，不再强调信息资源的实用性而更加注重信息资源的完整性，强调以整体的信息资源建设来实现信息资源的完备保障，以满足社会信息需求。资源建设的广度由整个共建系统来保障，而资源建设的深度则由具体信息建设单位来保障。

（2）系统性原则

共建共享不但要求各信息机构自身建设的系统性，而且更加强调以系统布局和科学规划为出发点，加强共建共享系统的各个组成部分之间的系统性建设。

（3）标准化原则

只有遵循建设的标准化原则，才能实现信息资源的转换、交流、兼容，实现不同专业化系统资源的通畅共享。

2. 面向过程的共建共享原则

真正意义上的共建共享原则还应当关注如何进行共建共享。为了达到信息资源共建共享的目标，要求共建共享活动要坚持以下原则：

（1）共建与共享相统一原则

信息资源共建共享有许多形式的语词表征，但不管如何表达，这个概念都包含了共建和共享两方面。只有坚持共建与共享的统一，才能真正实现共建共享的目标。

（2）权利与义务相统一原则

在传统信息资源共建共享理论中，互惠原则经常被提及。所谓互惠原则是指所有参与者在信息资源共享中彼此之间都能获得平等的利益，并由此最大限度地满足图书馆用户的信息资源需求。只有共建共享的各方都受惠，在共建共享的行为中有所付出，坚持共建与共享相统一，同时也坚持权利与义务相统一，才能调动共建各方的积极性，从而提高信息资源的保障率，实现共建共享的目标。

（3）宏观调控与市场调节相统一原则

网络时代，图书馆之间的距离和获取文献的时间都缩短了，信息资源建设政策的规定和实施是资源建设合作与共建共享的基础。图书馆信息资源共建共享活动中最关键的就是需要政府的宏观调控和市场调节，这样可以避免信息资源建设的不足和重复建设，也可以运用政府组织的力量克服可能遇到的困难。

（三）信息资源共建共享的机制

在共建共享的理论研究中，关于机制的表达多种多样，有"运行机制""管制机制""动力机制"等形式。本书所论述的主要是指共建共享的动力机制，即共建共享系统的成员馆进行共建共享的动力源泉是什么。其关键问题是共建共享系统的成员馆如何进行利益分配，如何保障各成员馆的共建共享积极性。因此，动力机制通常又被称为利益平衡机制。研究利益平衡机制的结构及特点，完善信息资源共建共享利益平衡机制，对于保证我国信息资源共建共享事业的稳定健康发展具有极其重要的意义。

所谓"信息资源共建共享利益平衡机制"，就是以经济利益为基本驱动力，通过对参与信息资源共建共享的相关主体的经济利益关系的调整，使各主体之间的利益达到某种平衡状态，促使各相关主体产生一种积极参与共建共享的驱动力，从而实现对各相关主体思想行为的引导与控制，实现共建共享目标的调节过程和方式。

它具有一般经济利益机制的自我控制和自我平衡的功能。

信息资源共建共享利益平衡机制由政府平衡机制、市场平衡机制、社会平衡机制构成。

信息资源共建共享是图书馆等社会信息机构提高信息服务能力而进行的一项重要且长远的社会活动，实现信息资源共享，必须坚持以政府平衡机制为主，市场平衡机制和社会平衡机制为辅的方式。

1. 政府平衡机制的主导作用

从目前我国现实来看，我国缺乏有关文献信息资源共建共享的立法规范和国家政策，亟需国家制定相关政策法规，以行政手段进行约束。信息资源共建共享首先是一种国家行为，这些共建共享组织的活动经费主要来源于国家，共享体系都得到了政府部门的大力支持，所以政府的干预是必不可少的保障，是保障信息资源共建共享、保持正确方向的支柱。但实施多年，还是存在利益不平衡，而这种不平衡不能靠技术来解决，而是要依靠政府发挥作用，表现在：第一，为共建共享提供思想和行动上的指导；第二，调节共建共享中各种复杂的关系；第三，为共建共享的组织和管理提供规范。

政府应该统筹信息资源共建共享的立项及发展，打破部门间与行业间的信息壁垒，避免资源的重复建设，进而更加有效、更大范围地服务于社会和广大民众。所以，政府在共建共享中占主导地位，政府的决策和行为决定共建共享的发展，共建共享机制应以政府平衡机制为主。

2. 市场平衡机制与社会平衡机制的辅助作用

市场经济的大环境下，仅仅依靠政府的强制手段来规范各单位的行为是不够的，需要一种机制让各单位自发、自愿地参与共建共享。市场平衡机制能够把信息资源共享和开展有偿服务、建立信息市场结合起来，将信息资源共享从信息机构之间以互助精神为基础的单纯的非利益的伙伴关系，逐渐变为一种以市场原理为基础的互利互惠关系。

共建共享要想健康地发展下去，还需要一种社会伦理观念规范人们的社会行为，让人们自觉、自愿地约束自己的信息行为。这就依靠长期形成的信息伦理、信息道德和社会舆论，需要整个社会去平衡各利益主体，这是其他两种机制做不到的。

第二节　高校图书馆信息资源共建共享项目

一、国外高校图书馆信息资源共建共享项目

（一）美国"数字图书馆首倡计划（DLI）"

由美国科学基金会（NSF）、美国国防部高级研究计划署（DARPA）、美国宇航局（NASA）发起资助的包含六个项目的数字图书馆计划，共投入2400万美元。这个计划的研究目标在于"极大地推进对以数字形式收藏、存储和组织信息的方法的研究，并使得信息能通过通信网络友好地进行搜寻、检索和加工"。它的任务是共同研究和发展一个用于创立、操作、利用与评价一个大跨度的不断发展的数字图书馆的试验平台，它的建设内容主要是有关地球与空间技术的科学资料，资料形式包含文字、影像、地图、音讯、影讯及多媒体等。

"数字图书馆首倡计划"包括以下六个计划：第一，加州大学伯克利分校——环境电子图书馆，可升级的、智能化和分布式电子图书馆的模型；第二，加州大学圣巴巴拉分校——亚历山大项目，可提供大量图像和空间索引化参考信息综合服务的分布式数字图书馆；第三，卡内基·梅隆大学信息媒体，集成声音、图像和语言识别能力的数字视频图书馆；第四，伊利诺大学厄尔巴那分校构建互联空间，为大学工程学科建立数字图书馆的基本架构；第五，密歇根大学——智能信息搜索；其六，斯坦福大学——斯坦福集成数字图书馆计划。

在美国"数字图书馆首倡计划"第一阶段所取得的研究成果和对当前数字图书馆研究的调查分析基础上，美国国家科学基金会（NSF）、国防高级研究项目局（DARPA）、国家人文学资助会（NEH）、国家医学图书馆（NLM）、国会图书馆（LC）、国家航空航天管理局（NASA）联合资助"数字图书馆首倡计划"第二阶段，拉开了第二阶段研究的序幕。

DLI第二阶段的研究目标是：为数字图书馆界定适当的发展领域，有选择性地开展研究和实验活动；使数字化资源的扩充、管理、存取更加迅速、便利，增加利用信息的深度；创造新方法、新机会，使数字图书馆更好地为不同教育水平

的、现有的和潜在的用户群服务；推动从社会学和经济学角度对人与数字图书馆交互作用的研究。

（二）Google 与图书馆联合数字化项目

Google 宣布将与美国和英国的大学图书馆及公共图书馆合作，开展大规模数字化项目，从而开辟了图书馆数字化的新模式。Google 将与美国哈佛大学图书馆、斯坦福大学图书馆、密歇根大学图书馆、纽约公共图书馆及英国牛津大学图书馆合作，对这些馆的馆藏进行数字化，加入 Google Print 数据库，从而形成一个收录 3000 万册图书的在线数字图书馆，供这些图书馆的用户及其他网络用户浏览和阅读。数字化的图书既包括在版图书，也包括绝版图书；既包括仍拥有版权的图书，也包括非版权（公共领域）图书。数字化作品不允许下载，但对于非版权图书可通过 Google 实现在线全文查找、浏览和阅读；而版权图书则只提供书目信息和正文的部分片段。

数字化合作项目首先从哈佛大学图书馆、斯坦福大学图书馆和纽约公共图书馆开始。Google 将对哈佛大学图书馆保存本书库中的 4 万册图书进行数字化，预计耗时 6 个月。若效果良好，数字化的范围将会扩展到哈佛大学图书馆的 1500 万册全部藏书。斯坦福大学图书馆同意将馆藏的 800 万册藏书全部数字化，第一阶段的扫描工作包括 200 万册图书。纽约公共图书馆现在只将属于公共领域的非版权图书数字化，它将通过自己的网站和 Google 网站实现图书查找和传递。密歇根大学图书馆已承诺将馆藏的 700 万册图书全部数字化（珍本书和其他易破损的资料除外），整个数字化工作的完成将历时 6 年。牛津大学将把世界上最大、最古老的图书馆之一——Bodleian 图书馆收藏的 19 世纪作品（也是公共领域非版权作品）交由 Google 数字化，数量达到 100 万册。

Google 将在合作图书馆安装高速扫描设备（斯坦福大学图书馆除外，它的书将直接送到附近的 Google 总部），由 Google 的工作人员负责扫描，并将扫描文本传送到中央设备进行质量控制检测和以 OCR 转换成文本。

Google 数字化的首要目标是绝版书，无论是非版权作品还是版权作品。至于新到馆的图书，目前不在 Google 的数字化范围之内。如果确实需要将这部分资料数字化，Google 将会与 Goozle Print 计划中的出版商直接合作。

（三）加拿大的电子资源许可项目（CNSLP）

加拿大创新基金会（CFI）、64 所高校及地方政府共同支持了一项长达 3 年的实验项目 CNSLP（Canadian National Site Licensing Project）。CNSLP 的目的是通过提供一种创新性的授权印刷型学术资源电子化的新模式，以为广大科学研究人员提供更广泛、更便利、更经济、质量更高的学术资源，以提高加拿大高校的研究及创新能力。实质上，CNSLP 的目标就是建立一个全国范围的科学出版物的数字图书馆。CNSLP 的主要目标包括三个层面：①建立知识库。为广大科学研究者提供更广泛、更便利、更经济、质量更高的学术资源，从而建立一个丰富的、包含多学科的知识库以支撑世界一流的科研工作。②改变研究环境。加速学术资源从印刷型向电子型的转变，实现资源利用的最大化。③影响市场。为加拿大高校在国际学术出版市场上赢得更多的有利条件，加强学术资源的购买力，开发新的商业服务模式。CNSLP 主要致力于建立科学、工程、医疗卫生及环境领域的全文电子期刊及数据库，为此 CNSLP 与 7 家主要的科学出版社实施了为期多年的授权协议，为全国范围内的高校研究者提供 1000 多种在线电子期刊及主要的引文数据库。

CNSLP 改为加拿大研究知识网络（CRKN）。它实际上成为加拿大全国范围的高校图书馆联盟，通过协调各大高校图书馆开展大规模的电子资源获取及授权活动，目的在于为各成员馆及高校科研团体提供大范围的、平等的、经济的电子资源获取途径，以及为各大高校建立信息基础设施以提高科研能力。

二、国内高校图书馆信息资源共建共享项目

国内高校图书馆信息资源共建共享比较有代表性的国家级组织是中国高等教育文献保障系统（CALIS）和中国高校人文社会科学文献中心（CASHL）。它们在联机合作编目系统、文献传递与馆际互借系统、统一检索平台、资源注册与调度系统、形成较为完整的信息服务网络、提供完备的信息资源保障体系方面发挥了积极的、重要的作用。下面介绍一下我国省市级高校图书馆在信息资源共建共享方面所做的工作。

（一）湖南省文献信息资源共建共享协作网

为推进湖南省文献资源共建共享工作，满足社会对文献信息日益增长的需要，湖南图书馆、湖南大学图书馆、湖南省科技信息研究所作为全省公共图书馆、高校图书馆和科学专业图书馆中有代表性的大型文献收藏单位联合成立了湖南省文献资源共建共享协作网。

协作网以共同建设、共同发展、共同提高为宗旨，积极开展全省文献信息资源建设协作协调，优化全省文献资源配置，提高文献利用率，节约经费开支，充分发挥全省图书情报机构的文献信息资源优势、信息技术优势和人才优势，提高湖南省文献资源保障能力、可获知能力、可获得能力，促进湖南省经济、文化、教育、科技全面协调发展。协作网就组织、领导和协调开展工作，成立了湖南省文献资源共建共享协作网工作委员会，并设立工作委员会办公室，负责管理协作网日常工作。工作委员会相继出台《湖南省文献资源共建共享协作网章程》《湖南省文献资源共建共享工作细则》等文件，对文献信息资源尤其是数字资源的共建共享与服务等方面的合作都做出了积极探索，为协作网的进一步发展奠定了良好的基础。

湖南省文献资源共建共享协作网的工作进展如下。

第一，在数字资源建设方面，协作网充分考虑各成员馆的资源优势，对大部头工具书、外文文献和文献数据库的采购实行分工采购、集团采购的方式，提升文献资源的共建规模。

第二，要求各成员馆选择具有明显资源优势、学科优势、地方特色的专题，分工协作，进行特色数据库的建设。

第三，各成员馆也开放自建书目数据库，采用统一的检索平台，方便读者进入协作网网页就能检索到所有书目数据库。

第四，成员馆之间还互相开放阅览室，开展馆际互阅，各馆的持证读者可以凭借书证到协作网成员馆阅览室查阅文献资料和全文数据库，以此来实现文献资源共享。

第五，通过网络平台搭建设立馆际资源服务岗，实现了学科馆员的服务共享。

（二）上海市文献资源共建共享协作网

上海市文献资源共建共享协作网的前身是上海地区文献信息资源协作网。上海地区公共、科研、高校、情报四大系统的 19 个图书情报机构在上海图书馆召开了馆（所）长会议，会议要求在三年的时间内实现上海地区公共、高校、科研系统图书馆之间的联网，同时会议确定了"信息平台""文献采购协调"和"实施信息服务与人才培养"三个具体方案。上海市文献资源共建共享协作网的主要任务有：

第一，建设特大型城市中心图书馆服务，实现各馆之间的文献资源、管理经验、技术成果等共享，提高全市图书馆的整体现代化服务水平。

第二，构筑地区文献资源多元文化知识服务平台，以虚拟集中方式实现数字化窗口服务，所有遵循 Z39.50 协议的图书馆均在统一的平台上实现信息资源共享和图书情报服务。

第三，强化文献资料采购协调，形成合理配置的、具有规模效应的地区性文献信息资源体系，建成高效服务的上海市文献信息资源体系。

第四，建立上海地区的联合编目中心和公共书目查询系统，各图书情报部门能通过联机查询中心的书目数据，降低编目成本，共享编目成果，推进文献编目工作的标准化、规范化。

第五，建立文献资源传递网络。

第六，建立全市化数字化咨询系统。

第七，开展全方位的专题服务和信息咨询。

第八，推行以电子商务为核心的图书情报服务。

第九，培养高素质的图书情报专业人才。

第十，联合举办世界大都市图书馆服务的国际学术会议。

三、国际高校信息资源共建共享合作项目

（一）"中美百万册数字图书馆"合作计划

中美百万册数字图书馆项目（China – America Digital Academic Library，CADAL）是中美两国计算机科学家共同发起的一项国际合作计划，随后印度和埃及也相继参与其中，提供强有力的数字资源支持，推动图书数字化资源的共享。

中美百万册数字图书馆全称为"中国教育科技数字图书馆"（China Education and Research Digital Library，简称 CERDLIB）。

CADAL 网站收录的中文图书包括珍贵古籍、民国时期出版图书、现代学术著作文库、博士硕士学位论文及其他特色文献资源，英文图书则包括美国大学图书馆核心馆藏、技术报告等进入公共领域的图书资料。CADAL 与中国高等教育文献保障系统（CALIS）一起，共同构成中国高等教育数字图书馆的框架。CADAL 通过国际合作方式进行数字图书馆建设与研究，利用外资额度将达到千万美元。该计划的实施对推进我国高校教学和科研信息环境建设，快速提升我国

高等教育水平，加快高校与国际接轨，建设一流大学具有重要意义。该合作计划的直接效益是 100 万册中英文数字化图书资源和一流水平的技术平台，其间接效益是为全社会提供一个开放的知识库，为数字图书馆研究提供一个实在的研究对象，促进数字图书馆研究，促进知识传播和东西方文化交流，推动我国教育、科研和国民经济的发展。

CADAL 项目建设内容主要有数字资源建设、技术支撑环境建设、数字图书馆技术中心建设及数字资源中心建设。其中数字资源建设包括中文图书资源和英文图书资源各 50 万册，并建成若干个多媒体资源库。技术支撑环境建设包括数字对象制作系统、数字对象管理系统、数字图书馆门户、数字资源的多媒体内容分析与检索。数字图书馆技术中心建设包括南方技术中心和北方技术中心，数字资源中心建设包括 14 个重点高校图书馆数字资源中心的建设。

（二）中文数学数字图书馆项目 EMANI 计划

从 20 世纪 90 年代末开始，欧美等发达国家陆续启动了若干"数学数字图书馆"项目。

清华大学图书馆受邀参加 EMANI（Electronic Mathematics Archiving Network Initiative）计划，这是一个针对"数学文献电子文档网络"研发的国际合作项目，由美、德、法、中诸国的图书馆及联盟（美国康奈尔大学图书馆、德国哥廷根大学图书馆、法国 MathDoc 联盟、中国清华大学图书馆）参加。EMANI 宗旨是推动逐步将世界范围内从古至今在数学领域的出版物数字化，在长期稳定保存的同时，以数字图书馆方式向全球的用户提供快捷的检索和全文浏览等服务。

为配合"EMANI"计划的推进，清华大学图书馆启动建设"中文数学数字图书馆（CMDL）"。

CMDL 目标定位：第一，采用先进的信息技术，将中国古代的数学遗产和近现代最有代表性的数学家的学术研究成果数字化，初步建成一个数学文化与知识的传播平台，通过因特网使用户能够方便地检索和获取数学信息和知识。第二，以 CMDL 作为基础，参与到全球数学数字图书馆构建的计划和活动中，使中国的数学家和学者能够与国际上的数学家和学者一起共享人类数学的研究成果和文献信息。

CMDL 进展包括：第一，数学史料的调查整理。清华大学图书馆下属机构——科技史暨古文献研究所调研了现存大陆的中国数学史料的情况。第二，数学文献保存元数据标准规范的制定。基于对数学类古籍文献的调研和对国际上元数据发展趋势的分析，制定了清华大学数字图书馆保存元数据框架方案。第三，数学古籍文献的数字化工作。图书馆对100余种约5万页的数学古籍进行了扫描，并对其中一些重要古籍进行了文本的录入。第四，CMDL系统体系结构的设计与功能模块的开发。

CMDL平台实现了从元数据著录、资源管理、Web发布的完整解决方案，不仅可以作为数学文化与知识传播和服务的支撑平台，还可以拓展用于管理更宽范围内的、更多媒体种类的数学资源。

第三节　高校图书馆信息资源共建共享重要形式

一、图书馆联盟的概念

近年来，图书馆联盟（Library Consortia）作为一种描述资源共享、利益互惠的组织形式的专有名词，为越来越多的图书馆学专家所关注、承认和使用。在一定意义上，图书馆联盟并不是新生事物，它的雏形可追溯到20世纪，曾于20世纪70年代一度兴旺，并于20世纪90年代进入发展的高峰，业界对于此概念也已经形成了比较成熟的观点。

图书馆学与情报学在线词典（ODLIS）对图书馆联盟的定义是：由独立图书馆或图书馆系统通过正式的协议建立起来的一种组织，通常是出于自愿共享的目的。其成员也许被限制在一个特定的地理范围、特定类型的图书馆（如公共图书馆、大学图书馆、专业图书馆）或者一个特定的学科范围内。

在图书馆学术语中，"consortium"和"library consortium"意为图书馆的一种正式联盟，是为了实现资源共享、利益互惠目的而组织起来的，受共同认可的协议或合同制约的多家图书馆联合体，是一种非营利性的组织。

图书馆联盟合作的主要内容都是在网络环境下进行的，因此有人将之称为数字图书馆、虚拟图书馆等。图书馆联盟是图书馆自动化网络的发展与延伸，强调的是网络环境下的资源共享，而非取代非数字图书馆和现实图书馆，在未来很长的一段时间，是与之互补共存，而非取而代之。图书馆联盟可将图书馆与其他信息处理部门连接起来，共同完成对信息的处理和服务工作。这是图书馆在现代社会中的生存模式和发展方向。

由以上定义可以看出，图书馆联盟是多家图书馆之间的合作关系，这种合作是建立在协议或合同基础上的，是受制约的交流型合作，是馆际合作，是传统图书馆与数字图书馆及纸型资源与电子资源的互补共存。

二、图书馆联盟的功能

（一）公共检索

联盟内的公共检索以其检索速度快、途径多、范围广、效果好和反馈信息及时的优点，向用户提供各成员馆机读馆藏信息资源和网络信息资源，方便用户检索和利用文献信息资源，其主要功能有信息检索服务与辅助性服务。只要知道文献的一点线索便可入手检索。

（二）联合编目

编目是传统图书馆业务中最费时的一项工作。尤其是数以千计的图书馆对同一种书进行编目，是效率极低的重复劳动。即使在采用图书馆自动化系统以后，分散的编目工作依然很耗费人力资源。因此，合作编目是图书馆联盟最早开展的合作内容之一。在网络环境中，联盟成员馆利用网络进行联机联合编目，即对任何一份具体文献，只由一个成员馆（通常是最早获得该文献的馆）进行初始编目，其他馆只须将已有的编目记录纳入自己的目录体系，必要时根据本馆情况进行适当调整。如 CALIS 成员馆通过网络可以实时进行联机编目。CALIS 联合编目数据库中已包含了数百万条书目记录、馆藏记录和中文现刊目次记录，可以服务全国高校图书馆系统。另一种合作编目形式是由图书馆联盟集中进行编目，向各成员馆发放编目记录。如上海市文献联合编目中心，就是实施网上中外文献联合编目，建设中外文献联合目录数据库。联合编目大大减少了书刊编目工作中的重复劳动，提高了编目工作效率和书目数据质量，实现了书目资源的共享。

联合目录在资源共享、馆际互借、合作编目及合作馆藏发展中具有十分重要的作用，是图书馆联盟的基础。图书馆联盟中的联合目录建设提供了充分发掘各家图书馆馆藏文献的机会，信息资源保障体系从单馆保障走向联盟范围的保障。

（三）馆际互借与文献传递

馆际互借是指图书馆根据用户的特定需求，从其他图书馆借阅本馆未入藏的资料，并根据互惠原则向申请馆出借文献的活动。馆际互借也是图书馆合作最早的内容之一。很多图书馆联盟，特别是区域性的联盟都建立了专门的馆际互借传递设施，有的则依靠邮政传递系统。在网络环境下，越来越多的图书馆利用网络技术传递期刊论文等篇幅较短的文献。通过联合目录和借助一定的协议，实现了检索过程的馆际互借，这也是传统馆际互借服务在网络服务下的延伸和拓展，成为图书馆资源共享的主要形式之一。如 OhioLINK 中各成员馆使用相同的系统，并在中心设有联合目录数据库。用户可以进行查询并实施馆际互借。Cocvel 则通过 Z39.50 实现各成员馆不同的自动化系统间的多数据库跨库检索，并在相同的界面上提供面向用户的馆际互借，实现资源与服务的有机结合。Prospero 是 Ariel 的延伸，它可以将 Ariel 环境下扫描的文件转换成 PDF 格式，从网上传递给终端用户。我国的 CALIS 在一期建设中也推出了 CALIS 联合目录与馆际互借系统，并用补贴的方式在成员馆中推广此项服务。CASHL（China Academic Humanities and Science Library）的二期建设项目集合若干所具有学科优势、文献资源优势和服务条件优势的高校图书馆，借助现代化的手段，有计划、有系统地引进国外人文社会科学期刊，通过文献原文传递，为全国高校的人文社会科学的教学科研提供高水平的文献信息保障。

（四）信息资源协调采集

信息资源协调采集是指图书馆联盟在调研各成员馆现有资源的特色和优势的基础上，通过统筹规划与协调，以分工采购、联合采购等方式，采集文献信息资源的活动。信息资源协调采集按照依托重点、发挥优势、分工协调的原则，对纸质文献主要依靠各成员馆自建，联盟对价格昂贵的文献适当加以协调的方法。对电子资源则主要采用集团联合采购的方法，拥有资源的使用权。因此，联盟各成员馆通过分工采购和联合采购，既扩大了纸质文献的收藏能力，又增强了电子资源的购买能力；既强化了各成员馆的馆藏优势，又优化了整体资源，同时还大幅度降低了信息资源建设的成本，节约了经费。集团采购还使图书馆和文献代理商或出版商实现了"双赢"：一方面，使单个成员馆使用昂贵的电子资源成为可能；另一方面，使文献代理商或出版商在与图书馆联盟的合作中获得了更广阔的销售市场。

（五）电子资源建设

目前各成员馆的电子信息资源独自发展，分散存储在各自服务器上。因此，必须建立一个统一的信息与知识服务平台，将分布存储在各成员馆的数据库纳入这一平台之中，使各成员馆用户将所有数据库视为同一"知识网络"来应用，如可以借鉴清华同方 CNKI 网络资源共享平台。对于各馆利用率高的电子数据库，采用联盟集团购买的方式压低价格，获得团体优惠价；对一些昂贵的电子资源分摊费用，共同拥有昂贵的电子资源的使用权，采取设置镜像站点、远程获取，利用中国中心城市电子信息资源共享平台达到共同使用的目的，大大提高成员馆对电子资源的购买力，这种方式在 CALIS 系统中已得到广泛的认可。同时，建立电子资源导航库，根据各校重点学科建设的需要进行统筹规划和分工，对网上的电子资源（如研究进展报告、电子期刊论文、研究机构、专家学者等）按图书馆学的原理和方法进行收集、加工和整序，形成虚拟图书馆资源，补充和扩大联盟的电子资源建设，真正实现资源的共建与共享。

（六）数字资源建设及资源合作储存

馆藏文献数字化是网络环境下图书馆信息资源建设的一项重要内容。但馆藏文献数字化需要耗费大量的人力、财力，单家图书馆往往难以独立承担。更重要的是，如果多家图书馆对同一文献进行数字化处理并上网提供利用，是完全没有意义的重复劳动。因此，图书馆联盟的重要功能之一，就是对馆藏文献数字化工作进行分工协调，根据各成员馆的馆藏特色和优势，分工承担那些具有较大数字化处理意义的文献，如善本文献、高等学校用户需求集中的文献的数字化工作，以及特色资源数据库建设，建立联盟共同的数字化资源。

网络信息资源开发也是当今图书馆信息资源建设的组成部分。但网络信息的特点之一是内容庞大，良莠混杂，因此，组织整理网上信息资源不仅涉及通常的文献分类、描述，而且涉及信息筛选及质量评价，这是一项很复杂的工作。为此，图书馆联盟的功能之一就是组织其成员馆共同组织整理网络资源，共建共享网上信息导航库。

资源合作储存包括由联盟建立储存图书馆以减轻单个成员馆的书库压力，以及对电子文献的使用和永久保存进行研究与协商等两方面。例如，美国明尼苏达州的 Minitex 的馆际互借网络联盟组织为了保存成员馆的印本图书资源，在明尼苏达州建立了一个仓储式书库，以保存全州各家图书馆为节约储存空间而撤出的重要而不常用的图书资料。又如，在电子文献的使用及永久保存方面，剑桥科学文摘给图书馆提供原始数据。OCLC 的 ECO（Electronic Collections Online）在图书馆为每个电子杂志支付了存档费用的前提下，也出现了一个"存档"选择，允许图书馆对电子资源永久存取。

（七）参考咨询服务协作

图书馆联盟不仅有资源建设的合作，而且有服务的协作。参考咨询服务是图书馆最重要的服务内容之一。但图书馆如果仅仅依赖本馆的信息资源和人力资源，要解答越来越广泛和复杂的咨询问题是很困难的。数字时代图书馆联盟的重要功能之一，就是整合各成员馆的信息资源优势和人才优势，利用网络的传递和交互功能，为用户提供全天候合作数字参考咨询服务。通过合作数字参考咨询服务将各成员馆联结成一个整体，不仅信息资源可以共享，各成员馆咨询人员的知识和智慧、成功咨询案例、各类课题调研成果等也可以成为共享资源。这种合作数字参考咨询服务如同专家会诊，集成了咨询专家的智慧，将大幅度提高资源和人才的服务效率，提升参考咨询服务的质量。

（八）人员培训与业务辅导

开展对图书馆员的培训和业务辅导，是提高图书馆员素质，进而提高图书馆工作效率和工作质量的重要保证。由图书馆联盟来组织图书馆员培训和业务辅导，有利于各成员馆相互交流经验，有利于图书馆工作的规范化、标准化，也有利于节省人员培训的成本。人员培训与业务辅导包括共享员工及用户的教育计划与教材、利用网络开设专题讨论组、参考咨询区等，加强员工之间的业务联系与交流，还包括进行各种开发、组织、协调和维护的图书馆工作人员的培训。如北京高校网络图书馆在首都师范大学和北京工业大学图书馆建立了两个多媒体培训基地，在图书馆管理、图书馆软/硬件技术、网上资源利用、数据库检索技术、数字图书馆建设、虚拟参考咨询等方面对成员馆开展了培训。培训采用多种多样的方式进行，如办班、开研讨会、开展网上培训等，并逐步编制了统一的教材和课件，提供了统一的场地，安排了统一的时间。一套网络培训系统已初见成效，取得了积极的培训效果。

（九）计算机软硬件共享

图书馆的硬件资源越来越丰富，价格方面的问题也越来越凸显。因此，图书馆联盟的形成大大地缓解了各家成员馆硬件资源的匮乏。各成员馆可以将联盟内的硬件当作自己的虚拟硬件，在任意终端进行访问。同时，由于电子资源的内容越来越丰富，所占的空间巨大，光靠一个馆的硬件来存储所有的电子资源已明显不足，各成员馆可以将电子资源合作存储，相互补充，用户对电子资源的访问只须通过虚拟服务器来完成。

（十）合作进行图书馆学、信息技术应用等相关问题的研究

资源的共建与共享是图书馆联盟兴起的首要因素，同时也为联盟内合作进行图书馆学、信息技术应用等与图书馆相关问题的研究提供了优越的条件。成员馆可以就自己馆的资源优势进行图书馆学开发研究，发挥各自的长处，优势互补，并取长补短。与此同时，图书馆联盟内各成员馆也可以积极开展图书馆学、情报学优秀成果评奖和图书情报工作先进集体、先进个人评选活动。评奖和评选活动对于调动和鼓励图书馆工作者从事图书情报工作和科学研究的积极性，进一步提高学术研究水平起到了很大的促进作用。这种图书情报研究工作的开展对学科发展和图书馆整体化建设提供了理论和智力支持，也能保证图书馆联盟健康快速的发展。

三、图书馆联盟的类型与构建模式

图书馆联盟的类型多种多样，其类型的划分没有统一的标准，从不同角度、不同功能、不同目的可以将同一联盟归到不同的类型里面。每种类型的联盟都是在不同的价值、目标及成员馆的共同需求前提下建立的。当联盟的成员彼此之间变得更加协调并制定了相应的合作机制时，联盟可能会从一种类型演变成另一种类型，或变成多目标共存的混合类型。

根据参与图书馆的性质可分为综合性图书馆联盟和专门性图书馆联盟；根据图书馆的协作方式可分为松散联盟和紧密联盟；还可以按地理范围分，地缘关系和地理因素在联盟的形成和组织中起着不可忽视的作用。一定地理范围内的图书馆可以共享一个共同的管理机构，共享一个共同的资金来源，同时共享相同的社会组织结构和文化背景，也具有相同的需求和共性问题。例如，当今图书馆联盟的顶尖代表 OCLC，也是由当初一个州的图书馆联盟发展而来的。

（一）从联盟的组织模式角度划分

1. 系统或行业主管部门组织的全国性图书馆联盟

由系统或行业主管部门组织的图书馆联盟是全国性图书馆联盟的主要形式。这种系统内信息资源的共建共享符合我国目前信息资源布局的现状，有利于政府部门对系统内信息资源进行有效的协调，从而减少某一学科或行业领域内信息资源建设中的无序和重复现象，从整体上提高国家信息资源的保障能

力。由教育部组建的中国高等教育文献保障系统、文化部打造的全国文化信息资源共享工程、科技部牵头组织的国家科技图书文献中心等都是这种类型的图书馆联盟。

2. 由地方政府主管部门推动形成的地方性联盟

政府的正确导向和持续支持是图书馆联盟发展的可靠保证。从我国实际情况看，现阶段较为成功的省市级地方性图书馆联盟都离不开政府的引导和支持。如：广东高校网络图书馆是广东省教育厅主办的网上图书馆；上海市文献资源共建共享协作网是在上海市政府部门积极推动下形成的包括整个地区公共、科研、高校、情报四大系统图书情报机构的图书馆联盟。

3. 由地理位置相邻的图书馆组成的区域性联盟

早期图书馆联盟的形成与地理因素有着重要关系。现在由于通信技术和网络的发展，空间距离和地缘关系已经不是影响图书馆联盟发展的决定性因素。但是，地理因素仍然在联盟的形成和组织中起着不可忽视的作用。一组地理位置相近的图书馆群，相互之间更容易沟通联系和理解信任，可能面对相同性质的读者群，有的还同属于一个行业系统，有共同的上级管理机构和资金来源，因此在信息资源建设协调和共享服务方面都容易取得实质性的合作成果。

（二）从联盟的合作模式的角度划分

1. 共建共享式

一些省级的地方性图书馆联盟多采取此种形式。如江苏省高等教育文献保障系统、河南省高等教育文献保障系统等，都是通过统筹规划本地区各图书馆文献资源收藏的范围和重点，分工协调，使无序的文献资源构成一个有机整体，成员馆之间相互提供服务。此种合作模式是对地区资源的优化组合，对各成员馆的要求较高，需要各成员馆共同克服决策、经费、组织等方面的诸多障碍，才能渐进地实现共建共享的目标。

2. 会员制

"上海教育网络图书馆"是实行会员制的代表。上海教育系统的任何单位，通过签订信息服务协议书，每年交纳适量的信息费，就可成为网络图书馆的会员。网络图书馆依托数字化的统一服务平台，整合地区文献信息资源，会员单位的读者直接上网访问共享数据库和有关的信息服务。此种合作形式较为松散，会员单位之间依靠协议进行约束，非常适合馆际文献资源在虚拟空间的利用和传播。

3. 联合办馆式

浙江省滨江高教园区网络图书馆是此种模式的代表。这个网络图书馆是建立在六所高校联合办学的基础上，馆藏资源仍保留在各馆内，各馆共用一个集成系统，共享采购、编目、读者等信息，具有联机采购、联机编目、联机检索、读者管理、通借通阅等功能。这种方式的特点是成员馆之间合作较为密切，不仅在文献资源建设方面协调，在自动化系统、业务管理和读者服务上都达到相当程度的统一。此种合作模式适合小范围区域内的图书馆间进行合作，并要求各成员馆之间就各项合作事宜达成高度的共识。

（三）从联盟的功能模式角度划分

1. 单一功能的联盟

图书馆联盟的功能取决于联盟所确定的目标及成员馆之间合作的程度。早期的美国图书馆联盟多是基于某一项具体业务的合作。国内目前也有单一功能的联盟，如长三角地区图书馆讲座、资源共建共享协作网等。随着现代信息技术和网络技术的发展，出现了两种值得注意的单一功能的区域性联盟。一是为争取某个电子资源或其他文献资源的优惠价格而组成的采购联盟。这种联盟的主要目的是以集团组织的形式与文献资源提供商谈判，以降低采购费用，共同承担文献资源价格日益上涨的压力。二是利用现代虚拟参考咨询技术组建的数字参考咨询服务联盟。在这样的联盟中，成员馆以各自的数字化馆藏资源和资深参考馆员为基础，为成员馆及社会提供网上参考咨询和文献传递服务。如由广东省中山图书馆和超星数字图书馆等20多个图书情报单位合作建立的广东数字图书馆网上参考咨询服务中心等，就是此类联盟。

2. 复合功能的联盟

现代图书馆联盟大多数都具有多项功能。随着网络的快速发展及成员馆之间合作与协调能力的提高，图书馆联盟的功能仍在不断扩展和延伸。除了上述的图书馆联盟的十项功能外，一些新近建立的图书馆联盟在新的领域正在进行着有益的探索。如"重庆数字文献信息资源与服务体系"（CDISS），不仅包括重庆市高校图书馆联合书目、高校图书馆的读者查询系统，还具备专家信息查询系统、实时的动态信息发布系统等多项新的功能。

四、图书馆联盟建设的重要意义

（一）增强各高校图书馆文献购买能力，避免重复建设资金浪费

随着社会的不断发展，文献信息数量每年都在呈几何级数增加，同时文献价格也在节节攀升，与之形成鲜明对比的是，各高校图书馆文献建设费用的增长速度却很缓慢，甚至还出现了"负增长"。怎样使有限的采购经费发挥出最大的效用，实现文献资源建设的最优化，成为摆在图书馆采访人员面前的一道难题。而通过建设高校图书馆联盟，实现联盟内各图书馆的资源共建共享，一方面可以利用集团采购的优势迫使书商降低文献价格，用等额的资金买到更多的文献资源；另一方面也可以通过联盟内部各成员的文献资源传递共享，有效地避免重复采购造成的资金浪费。

（二）促进各高校图书馆特色文献资源建设

建设高校图书馆联盟，实现联盟内部各图书馆资源共建共享，使得联盟内各成员馆能够针对本校的特色专业及重点科研课题来合理分配采访资金，更有目的性地配置文献资源，从而形成各自的特色馆藏，以便更好地为本校的科研教学工作服务，充分发挥图书馆在学校教学科研中的作用，扩大图书馆的影响力，提升图书馆在学校的地位，增加学校对图书馆的扶持与投入。同时，各成员馆特色资源的建设也为高校图书馆联盟内部的文献资源传递共享创造了条件。

（三）增强高校图书馆满足读者文献需求的能力

随着社会信息化进程的深入，信息总量不断增加，读者对信息的需求也逐步向多元化、多领域发展。任何一所高校图书馆所收藏的文献信息资源已经不能满足读者越来越多样化的文献需求，加入图书馆联盟实现文献资源共享已经成为高校图书馆必然的选择。图书馆联盟能够打破地区乃至国家间的地理限制，破除各高校的专业壁垒，通过虚拟收藏、联合共建实现各个高校文献信息资源的互通互联，实现高校文献信息资源在联盟内的全面共享。在各高校图书馆建设特色馆藏的基础上，联盟可以充分体现每家图书馆的资源特色，使原本闲置或分散的资源得到有效利用，形成一个完整的、多样化的综合信息资源库，满足读者对各类型文献信息的需求。

五、图书馆联盟的发展趋势

考察国内外各类型图书馆联盟的发展历程和现状，结合图书馆联盟发展的环境和条件，可以发现图书馆联盟的某些发展态势。

(一) 图书馆联盟开始相互渗透和融合

随着网络信息技术的发展和联盟活动的深化，一些图书馆联盟会转向与不同类型的图书馆联盟进行相互融合，或者吸收其他类型的成员馆，这种现象在区域性图书馆联盟中更为明显。在美国，许多原来基于公立大学图书馆的联盟现在都在某种程度上扩充了它们的服务范围。

如乔治亚州的 GALILEO 现在的成员已包括私立大学图书馆、职业技术院校和公共图书馆，弗吉尼亚州的 VIVA 包括了私立大学图书馆并开始向州内的其他行业图书馆扩充。

(二) 图书馆联盟呈现多极化趋势

虽然一些图书馆联盟正在走向渗透和融合，然而并没有显现联盟无限扩大的趋势。国外很多图书馆一方面以购买电子资源数据库、参加联合目录等基本服务方面参加大型的联盟，另一方面也在组建或加入一些小的联盟以解决专门的共享需求。国内的图书馆也开始意识到，加入图书馆联盟不是目的，而是作为满足不同需求的手段，它们力求根据自己的需求选择参加多个不同的联盟，并在其中扮演不同的角色。国内的不少图书馆同时属于几个规模大小不同的联盟，并通过参与这些联盟共享不同功能。如华南理工大学图书馆既是广州石牌地区六校协作组的中心馆，又是广东省高校电子图书馆的成员。这种多极化的特点在目前电子资源集团采购中显得更为突出。图书馆根据自己的资源和服务特点有选择地参与多个联盟组织的集团采购以获得优惠，助长了图书馆联盟呈现多极化发展的势头。

(三) 图书馆联盟向数字图书馆的方向发展

当前，实体资源共享与数字化资源共享已经融合为一体。从图书馆共同体国际联盟 (ICOLC) 网站上提供的各国图书馆联盟的功能来看，电子资源集团采购和用 Web 方式进行的馆际互借和文献传递正成为现代图书馆联盟活动的主流。许多图书馆联盟通过因特网将它们的目录或其他信息资源链接在一起并提供获取原文的服务。有些联盟采取更进一步的措施使原本不兼容的系统协调在一起，实现了联盟内各成员馆馆藏和借阅信息的无缝链接，逐步向图书馆的无墙化、网络化方向迈进，图书馆联盟正在演变成为未来数字图书馆雏形。国内图书馆联盟的启动和建立大多是在 20 世纪 90 年代中期以后，正是中国互联网高速发展的时期。这些联盟从一开始就摆脱了早期联盟的传统模式，联盟中的联机编目、联合目录、公共检索、专题数据库及馆际互借和文献传递服务等功能都是基于网络进行设计并开展的。许多图书馆联盟已经开始尝试向数字图书馆转型。如天津高校数字化图书馆、广东高校的电子图书馆、北京高校的网络图书馆及上海教育网络图书馆等，都开始以建设数字图书馆为目标，将成员馆的信息资源整合起来，朝着数字图书馆的方向发展和演变。

（四）图书馆联盟向图书馆共同体联盟方向发展

共同体联盟（Coalition of consortia）就是联盟与联盟之间再组织成为一个更大的联合体。这类联盟由许多单个联盟组织起来，一般都超过了地方性范围和相同性质的团体。成立时带有明确目的，如联合购买大型、昂贵、价高的电子产品或网络资源等。目前，共同体联盟在美国还仅限于购买性质联盟。在我国，近几年也慢慢开始出现联盟联合购买电子资源，例如 CALIS 高校联盟和中科院系统联合购买 Springer LINK 数据库等。我们认为，共同体联盟是带有地方性、区域性的，当同行业联盟发展到一定阶段时，它就会寻求新的发展空间。

图书馆共同体国际联盟是一个非正式组织。它由美国、加拿大、荷兰、德国、以色列、澳大利亚等国的约 150 个图书馆联盟组成，代表全世界 5000 多个加盟馆。ICOLC 主要面向高等教育机构提供服务，旨在促进不同联盟之间就共同关心的利益和话题进行有效的讨论，提出解决问题的方案，如电子资源的建设，对数据库商、代理商的产品进行价格测试等，以便加盟的共同体能够顺利获取价格、服务等信息。

第五章　高校图书馆信息资源管理

第一节　高校图书馆资源管理的环境分析

一、"立体三角"：大学图书馆管理模式的新思考

（一）图书馆

纵观整个图书馆学的发展历史，可以说整个图书馆学的理论体系几乎都因对这一问题的不同回答而发生嬗变，也反映了人们对图书馆本质由浅入深的认识过程。20世纪70年代以前，很少有人否认图书馆是一种具有确定的物理形态的社会机构，但是，现在现代信息技术的发展已经改变了这种单一的图书馆存在形态，图书馆的一些功能经常可以在无纸的或虚拟的环境中实现，从而导致了"电子图书馆""数字图书馆"等概念的出现。这些变化不可避免地动摇了人们已经建立的对图书馆概念的理解，翻开中国当代几本比较有影响的图书馆学基础理论教科书，不难发现中国图书馆学家关于图书馆概念的种种理解。

第一，图书馆是一个知识信息系统，是选择收集、加工整理、转化、传播、交流知识信息，并提供给一定社会读者使用的信息系统。

第二，图书馆是一个信息资源体系，是针对特定用户群的信息需求而动态发展的信息资源体系。

第三，图书馆是一种装置，一种机制，是社会记忆（通常表现为书面记录信息）的外存和选择传递机制。换句话说，图书馆是社会知识、信息、文化的记忆装置、扩散装置。

第四，图书馆是一种社会机构或服务，它对文献进行系统收集、加工、保管、传递，对文献中的知识或信息进行组织、整理、交流，以便用户能够从文献实体、书目信息及知识三个层面上获取它的资源。

尽管以上表述各有侧重，但我们还是能从中找出其共同点：那就是图书馆的本质是知识信息的集合，图书馆是一个整体，是一个体系、系统，是一个知识信息系统。

图书馆既然是一个整体，就应用整体论的原理与方法来思考之、管理之。

（二）整体论——当代思维方式变革的大趋势

近代科学的发展，使得分析论的思维方式深入人心，任何事物只要能分离出其中的各个构成要素，以及每个要素的功能，似乎就可以找到事物的本质，这种只注重事物局部而忽视整体的思维定式，至少影响了人们 300 年。20 世纪三四十年代，随着现代科学的发展，特别是"老三论"（信息论、控制论、系统论）、"新三论"（突变论、协同论、耗散结构理论）及"自组织"理论的兴起，整体论日益成为思维变革的主流。

按照整体论中的系统观点，任何有机体都可以看成一个系统，系统由两个以上可相互区别的要素构成，要素是系统的基本成分，环境是系统存在和发展的外部条件，系统的生存与发展既取决于它与环境之间的物质、能量、信息的交换，更取决于其内部要素之间、要素与系统之间及各个子系统之间的协同发展。系统的整体大于局部之和，局部应服从整体。

大学图书馆作为图书馆的一种类型，自然也是一个有机体，因而也可以看成一个系统，我们不妨用整体论中的系统观对其作一分析。

（三）大学图书馆的外部环境分析

大学图书馆的外部环境因素复杂多样，但最主要的有如下三点。

1. 学校

作为大学图书馆的母体，学校的特色优势、总体实力几乎决定了大学图书馆的发展方向与办馆规模，因此，大学图书馆必须详细了解学校的基本概况、专业设置、办学特色、优势学科、经费实力、学校发展战略规划、科研规划、校园规划、学校党政领导、各职能处室、院系领导、师生职工的信息需求等信息，以便有针对性地开展服务，争取更多更好的生存发展空间与条件。

2. 行业

从总体上说，图书馆属于服务行业，因此对国内外有关信息管理与服务的理论与实践信息要多加关注，以了解整个行业的发展动态与发展趋势。对大学图书馆来说，首先要了解整个图书馆界的发展状况，如所在地区和系统高校图书馆的发展状况，国内外高校图书馆的发展水平，整个国内与国际图书馆界未来的发展走向与态势等。为此，大学图书馆应积极参加地区、系统乃至全国高校图工委和图书馆学会的活动，尽量参与国际图书馆界的会议与活动，以了解和把握整个图书馆界的发展动态。

3. 社会

图书馆是一个社会部门，在社会中起着媒介作用。它过去是，现在仍然是受社会环境的影响和制约的。社会是图书馆的支柱，反过来，图书馆必须满足社会的需求并对其负责任，因此，要了解图书馆的过去、现在和将来，我们首先必须了解社会性质本身及支配这个社会的文化和价值体系。从这个意义上说，大学图书馆除了了解所属学校和所属行业的信息、趋势外，还要从整体上了解整个社会政治、经济、科技、文化、教育等领域的发展趋势，从而把握整个社会的需求信息。

（四）大学图书馆系统的优化途径

我们明确了大学图书馆的内部要素与外部环境，也就明确了大学图书馆的优化途径——不外乎如下两条途径。

第一，图书馆内部结构的调整。主要是通过内部管理，理顺各要素之间的关系，使图书馆整体功能达到优化。

第二，图书馆与外部环境的良性互动。主要是通过服务和宣传，影响环境，赢得外界的认识、理解和支持。

二、"立体三角"管理模式及其在大学图书馆的应用

基于对大学图书馆内部要素、外部环境及其优化途径的综合分析，按照整体论的系统观，从图书馆学理论的角度对当代大学图书馆的管理模式进行了推演，可推导出一个"立体三角"管理模式。那么，这一模式能否指导大学图书馆的管理实践呢？下面将结合北京邮电大学图书馆（以下简称北邮图书馆）的管理实践，谈谈"立体三角"管理模式的实际应用及其成效。

（一）"立体三角"管理模式的含义及其特点

所谓"立体三角"管理模式就是以信息资源建设和新技术、新设备的应用为基础，以用户服务为中心，以管理（特别是人的管理）为突破口，内凝外联，

改革创新，整体推进，使大学图书馆的各项工作不断登上新的台阶。

"立体三角"管理模式的特点在于：首先，它要求管理者从图书馆整体的角度去考虑图书馆管理问题，而非只考虑其中的某一个方面、某一个因素。其次，它强调图书馆内部各要素之间的有机结合与协同发展。再次，它强调图书馆与外部环境的沟通、交流与良性互动。最后，该模式是在运用整体论的系统观，对大学图书馆内部要素、外部环境及其优化途径进行综合分析的基础上提出的，有一定的理论基础。

（二）"立体三角"管理模式在北邮图书馆的应用

"立体三角"管理模式经过多年的实践取得了比较好的成效，下面将其具体运作方法介绍一下。

1. 狠抓服务，以服务求生存、求支持、求发展

"读者第一，服务至上，一切为了读者"是整个图书馆工作的指导方针，大学图书馆要生存、要发展，必须不断提高自己的服务水平，通过高质量的服务去获取学校和广大师生的理解与支持，为此采取了有效措施来提升图书馆的服务水平。

第一，改进服务态度。通过举办"读者第一，服务至上"的专题讲座，对图书馆职工进行读者服务教育，提高其读者服务意识；推行读者服务首问负责制，读者有问题，无论问到哪一位馆员，该馆员都有义务认真接待，并予以回答，确实回答不了的，也要指引读者到图书馆的相应部室寻求解决；实行挂牌上岗，开展微笑服务；建立读者服务监督岗，设立意见箱，自觉接受读者的监督。

第二，加强服务宣传。充分利用各种途径，对馆藏信息资源进行揭示报道。例如：通过开展"服务宣传月"活动，帮助广大师生更好地利用图书馆信息资源，更好地了解图书馆的各种服务功能；通过网上新书通报栏，向读者通报最新到馆的文献信息，使读者及时了解图书进入流通的最新状况；利用图书馆主页及时报道文献到馆情况；利用公共检索系统设立的各种检索途径，为读者提供新书查询服务；利用校园网办公平台，宣传报道各种电子资源信息；利用馆报、读者留言、触摸屏、电子邮件等揭示报道馆藏。

第三，强化基础服务，如大幅度延长开放时间，每天开馆16小时，不间断借阅14小时；缩短办证时间，新生办证一周内办完，平时办证立等可取；增加读者借阅权限，学生由5册增加至7册，教师从7册增加至10册；适当缩短借

阅期限，加快图书流通；建立书带盘阅览室；在各阅览室增设检索用机；双屏显示借还，服务公开透明；建立考研书专架、绿色书架、北邮版图书专架；通过"还书促进日"活动，促进图书文献的周转流通等。

第四，深化服务层次。例如：修改选读书目，开展素质教育；建立学科馆员制度和采访馆员前台值班制度；开展查收查引、科技查新服务；开展多种形式的用户培训。

第五，扩大服务范围。为了推动高校图书馆的资源共享，开展馆际互借与文献传递，实行资源共享。

第六，注重服务质量。建立高等教育教学成果数据库，设立教育部教学成果评奖资料中心，为国家级教学成果评奖提供全程服务。

第七，善抓服务时机。组织并开展"我为图书馆捐图书""图联新书展览与推荐活动""知识产权专题图书展""专利知识宣传展"等系列活动。

2. 加强信息资源建设，开展资源整合活动

第一，树立信息资源建设的观念。作为机构改革的一部分，将原有的采访部、编目部合并，更名为信息资源建设部，部名的更换不是为了标新立异，而是代表着一种资源建设观念的变革，试图通过部名的改变，使馆员的观念得以提升，从一个书刊、文献的采访者真正成为一个信息资源的构建者。

第二，重视特色资源的建设。大学图书馆应是一个学校历史、文化、传统的积淀，图书馆有义务、有责任去收集、保存、传承本校生产的一切信息资源。因此，在搞好专业信息资源和特色数据库建设的基础上，特别强调本校信息资源的收集、积累，专门创建文库，配备专门人员从事这项工作。

第三，适当扩大新专业及人文书刊的采购比例。

第四，重视馆藏发展规划。运用藏书结构理论，根据读者需求和学校规划，拟订馆藏发展规划，并据此制定馆藏发展政策。

第五，重视信息资源的加工、组织与整合，如 IEEE Xplore 电子期刊与馆藏 OPAC 系统的资源整合。

3. 发挥技术优势，开展数字图书馆的研究和试验

高校通常有着雄厚的技术实力，高校图书馆也有着优良的技术传统，应充分发挥学术带头人的作用，组建一支以研究生为主体的数字图书馆研究队伍，走产学研相结合的道路，与有关单位密切合作，开展数字图书馆研究，促进理论研究、技术开发与实际应用的紧密结合。

4. 改革机构人事分配制度，调动职工的积极性

根据学校的减员增效、全员聘任、竞争上岗的改革思路，图书馆进行了比较大的调整，机构从原来的八个部门精简为四部一室，除办公室外，将采访部、编目部合并为信息资源建设部；将期刊、流通、阅览、复印等部门合并组建成读者服务部；还将咨询部与技术部合并为信息咨询部。在人事制度上实行定岗定编、全员聘任、竞争上岗的制度，使人员编制从原来的 80 多人精简到 60 多人。在分配制度上，本着淡化职称、重视能力、强调岗位的原则，分 7 级发放岗位工资，通过不同岗位的设置和工资待遇的分级，调动不同工作人员的积极性。

人事分配制度改革是一项系统工程，它涉及馆员的切身利益，因此，每次改革前都应特别慎重，注意发挥党支部和工会的作用，反复听取群众意见，并组成专门班子，对群众的意见和建议逐条研究，无论采纳与否，都如实向职工反馈，争取广大职工的理解和支持。只有做了深入细致的思想工作，改革才会比较顺利。

5. 充分发挥党支部和工会的作用，增强内部凝聚力

图书馆馆长应兼任党支部书记，从根本上保证党政的高度统一与协调一致，使得支部能直接参与馆里的各种重大决策，并能动员各方面力量完成馆里的中心工作。在党支部的带领下，图书馆的工会工作也会有较大起色，如通过组织各种各样的文体活动，活跃职工的文化生活；与其他大学的图书馆结为友好联谊馆，每年元旦联谊馆间在一起搞联欢活动，既交流了业务，又增进了友谊，深受职工们的喜爱；另外，每年元旦前夕，在举办的离退休职工茶话会上，通过向老同志们汇报图书馆所取得的进展及对未来的构想，把组织的温暖带给那些曾经为图书馆做出过贡献的老同志。

6. 加强宣传与对外联系，营造外部环境与氛围

图书馆应该加强宣传，让学校的各个阶层了解图书馆的资源、服务及工作，为此，创办馆报，结合校园网、图书馆主页、馆内外宣传栏等全方位、立体式地宣传图书馆，将图书馆的许多活动报道出去，扩大图书馆在学校的影响。

与此同时，应努力扩大对外联系，积极参加图书馆界组织的学术研讨与交流活动，加强与兄弟图书馆之间的交往。争取在中国图书馆学会、教育部等学校图书情报工作指导委员会、全国通信电子类高校图书情报工作委员会、中国图书馆学会、高校图书馆分会、北京地区高校图书馆工作委员会、北京高校图书馆学

会、北京市科技情报学会高等院校专业委员会等国内或地区重要学术机构与团体中占有一席之地，在图书馆界发挥更大影响。

第二节 高校图书馆资源管理的方法

一、高校图书馆资源的来源与选择

（一）高校图书馆文献资源的来源

高校图书馆的文献资源建设工作是根据高校图书馆的性质、任务和读者需求、经费状况，通过选择、采集建立起来的，并连续不断地补充新出版物；满足教学、科研与读者需求是高校图书馆文献资源建设工作的宗旨，是建立馆藏资源的最终目标，也是文献采访工作的出发点与归宿。

1. 我国文献的出版发行

传统图书馆时期，我国的出版发行信息主要是由新华书店和一些出版机构提供的书目、书评、书摘、广告，其功能就是作为图书出版信息介绍宣传和图书定购工具。而图书馆的文献采访活动多依赖这些。随着电子化、数字化和网络化的普及与应用，文献采访活动所借助的出版发行信息不再局限于传统的新华书店、出版社、编辑部、邮局和专业图书进出口公司，还有各个专业学会、协会、学术机构、社会团体、电子出版物出版商、各类文献信息、出版机构门户网站、联机数据库服务商、因特网信息服务商等机构；类型也不仅有印刷型，还有电子版、光盘版、网络版等形式信息内容。

2. 外国文献的出版发行

世界各国共有出版社 10 万多家，分为综合性出版社、专业性出版社、参考工具书出版社、大学出版社、教科书出版社、政府出版机构、学术团体出版机构等七种类型，主要集中在北美、西欧等发达地区和日本等发达国家。各种不同类型的出版社都有自己的出版特点，例如：综合性出版社由于建立较早、规模较大、编辑出版力量雄厚，其出书质量高、出版范围广，在世界很多国家设立有分公司、代理机构和经销点；专业性出版社由于规模较小，出版的图书内容比较专业，有的只出版某一学科或几个学科的图书，其出版的图书学术价值较高，如日本东京的化学同人社、美国的数学出版社等；参考工具书出版社专门出版综合性或专业性参考工具书，如英国的麦克米兰出版有限公司和美国的鲍克公司等；大学出版社主要出版反映本校学术水平的教授和学者的学术著作，不以盈利为目的，出版的图书学术水平高，如英国的牛津大学出版社、美国的哈佛大学出版社、日本的东京大学出版社等；教科书出版社以出版各类学校的教科书为主，同时也出版一些教学参考书，如美国的利顿教育出版公司等；政府出版机构专门出版政府保密性文件，如美国政府出版局、英国皇家出版局等；学术团体出版机构主要出版本学会组织学术活动所产生的文献，此类文献很多是最新的研究成果，有很高的学术水平，如美国的电器与电子工程学会、英国的皇家化学会都设有这样的出版机构。尽管国外出版社数量庞大，但真正出版量大、出书稳定、久负盛名的出版社不多，绝大多数出版社是每年只出几本或几年才出一本的小出版社和"皮包出版商"。

世界科技的书籍因其高学术水准、系统的逻辑性及完整性而被众多高等教育机构和研究机构采用作为教材或参考书。采用该公司的出版物作为教材的世界顶尖学府包括普林斯顿大学、耶鲁大学、剑桥大学、牛津大学、康奈尔大学、麻省理工学院、哈佛大学、斯坦福大学和加州理工学院等。

（二）高校图书馆文献资源的选择与采购

选择与采购是高校图书馆文献资源建设活动中的两个重要环节，它们对馆藏文献的质量起着决定性的作用。为了使入藏文献符合本馆文献资源建设原则和发展规划，避免文献入藏的盲目性，文献采访人员应对本馆的性质任务、用户需求、馆藏文献资源现状、本地区其他馆的文献资源状况及馆藏文献资源来源等需求信息进行调查研究，从而为文献选择提供标准依据。这需要按以下步骤进行。

1. 需求信息调研

（1）本馆性质、任务调研

作为图书馆的文献采访人员，在购置文献资源前，首先要对本馆的性质、任务、目标和服务重点准确掌握，并在此基础上确定本馆的文献采访范围、重点、特色和结构。例如，要定期了解学校学科建设情况，了解学校专业设置情况、课程安排和教学参考书目，了解本校教师科研情况，及时掌握学校的发展动态及规划，是否新增或停办某些专业，哪些学科上升为国家级、省级和校级重点学科，并以此作为文献订购的参考依据。同时，还要根据本馆的发展规划、经济实力、读者人数及完成本馆任务、目标所需的文献保障，确定适当的文献采集规模。

（2）用户需求调研

用户需求调研，主要是指开展对本校读者的文献信息需求的调查研究，这是提高文献收藏质量和效益的重要环节。调查方式可采用书面调查、网上调查、询问调查和座谈讨论等方法。

（3）馆藏信息调研

首先，要对本馆馆藏文献的收藏情况有总体了解。例如本馆图书、期刊的收藏重点和收藏特色，目前共收藏中外文图书种数和册数，中外文期刊种数，馆藏中外文图书和中外文期刊的大致比例，电子图书与印刷型图书、电子期刊与印刷型期刊的大致比例等。

其次，统计馆藏文献的利用率。高校图书馆的文献资源建设应充分考虑满足本校本地区的教学、科研和经济文化的需要，具有相对稳定的学科范围和读者范围。通过对馆藏不同类型的文献利用情况进行统计分析，可以将相关文献利用率指标作为确定该种文献是否订购的一个参考依据。

最后，对馆藏文献资源进行分类、比较、研究和总结。通过对馆藏的全面分析，了解馆藏图书、期刊的特色，本校各个学科、专业是否都有一定数量的图书、期刊作为文献保障，重点学科是否得到倾斜，馆藏图书、期刊是否存在严重的学科分布不均衡现象、可替代资源的数量等。

（4）本地区其他图书馆文献资源状况调研

由于经费的限制，任何一个高校图书馆的馆藏资源都不可能实现"大而全""小而全"，必须通过其他方式进行馆藏补充。目前，较好的补充方式就是资源共享，特别是与本地区其他图书馆的资源共享。对本地区其他图书馆的馆藏资源结构、特色、规模、收藏重点等情况进行全面的了解，将有利于采访人员有针对性地收集、收藏，避免重复浪费。

（5）出版信息调研

随着网络发展，很多高校图书馆通过中图公司、教图公司、中国国际图书贸易总公司等公司网站获取外文原版图书出版发行信息并下载其数据。由于外文图书价格昂贵，高校图书馆一般以校内用户推荐为主要选择依据，为了更好地服务于用户，中国图书进出口公司开发的"海外图书采选系统"（PSOP），不仅为图书馆采访人员提供更加及时的出版信息，而且改变了传统手工操作的图书馆外文图书采选的工作模式，利用现代信息与网络技术，建立符合本馆发展的个性化工作平台。

2. 采访原则

（1）实用性原则

文献采购应以本校学科专业的设置及主要科研方向为依据，尽可能使采购的文献符合实际使用需要，满足学生的阅读需求；为教师自身素质的提高和更好地完成教学科研工作提供丰富的专业文献资料，以适应本校多学科、多层次的办学要求。根据专业设置和教育教学内容的变化，不断调整和改变采购重点，最大限度地满足本校读者对文献的需求。对于新专业、新课程等，应加大经费投入力度，重点扶持，力争在较短的时间内，购进相关专业课程读者所需要的书刊资料，使新专业、新课程的教学工作顺利进行。对于即将停办的专业或课程，应果断停止或限制相应书刊的购买，以免造成浪费和闲置。原版外文图书的采购可实行"一对一"的采购原则，即为人订书和为书找人，有重点地选择一些有关专业的科研项目及重点专业由其负责人选书，书到馆后及时地"为书找人"。这样的做法使得原版外文图书真正最大限度地发挥了使用效益。

（2）系统性与完整性原则

系统性要求采购的书刊资料要相互联系、有比例、成体系。完整性要求采购的书刊资料不缺不漏。坚持长期性、及时性，避免乱采乱购、毫无计划、随意中断是保障系统性和完整性的关键。

（3）时效性原则

图书和期刊都具有时效性，这就要求采访人员必须通过各种渠道采购最新的书刊文献，时刻把握保证学术价值和适合专业读者需求的标准。为此，一方面，对时效性强的书刊文献，如年鉴、计算机和英语四、六级考试方面的资料尽快采购最新版本并随时剔旧，尽量用电子文献去代替，以便节省尽可能多的经费；另一方面，对一些学术价值高、时效性差的文献应努力收集齐全。

（4）高质量原则

随着文献出版发行量的剧增，不同的文献其内容价值、印刷质量和服务是参差不齐的。在采访时，一方面要注重出版单位、著作人、主编人等信息，另一方面要选择好的书商，包括它的规模、信誉度、到书率、到书时间、服务质量和组织图书的能力等。目前，各高校图书馆合作书商都是通过招投标方式确定，图书选择以知名出版社和特色出版社为重点，著作人、主编人一般以相关学科的专家学者为选择重点。

（5）满足需求原则

满足读者需求是高校图书馆采访工作的根本所在，高校图书馆在购买文献时，一方面要满足不同层次读者对不同学术价值文献资料的要求，另一方面要满足不同层次读者对不同层次文献数量，如图书的种类和复本的要求。在高校，读者人数一般是随着学术水平的提高而减少的，读者对文献资料品种和数量的需求是随着学术水平的提高而提高的，因此，在经费有限的情况下，高校图书馆应合理制定图书复本量，针对不同的读者群体购买不同学术价值的图书、期刊、电子资源等，不能"一刀切"。

3. 采购方式

随着科技、网络、信息的发展，我国的出版发行事业有了迅速发展，图书发行经营方式由原来的国有转为国家、集体、个体三者并存，高校图书馆采购书刊从原来较传统的单一预订、邮购发展为订购、函购及网上订购、图书现采等多渠道的采购方式，建立了畅通的、快捷的需求与保障渠道。

目前，各高校图书馆的采购方式主要有预订、现采、网购、函购、受赠、集团购买、交换、呈缴等几种。

（三）高校图书馆文献资源的复选与剔除

1. 复选的定义

文献复选，旨在解决馆藏存储空间危机、合理调整和优化馆藏结构等问题。一般来说，图书馆根据一定的原则和标准，对馆藏文献进行筛选、调整和剔除的过程就是馆藏复选。复选是文献资源建设过程的继续，并为馆藏补充提供依据，是文献资源发展的重要内容之一。藏书复选是实现图书馆藏书自我更新、不断完善、藏书数量低速增长的重要途径。

馆藏复选需要掌握好文献入藏前和入藏后的复选两个工作程序环节。文献入藏前的复选，是指通过文献验收工作程序控制，先通过复选，将初选不当的文献挑出；然后，再将其余的文献整序入藏。文献入藏后的复选，即藏书剔除，是指图书馆根据一定的原则和标准，对已入藏文献进行筛选处理的过程。馆藏体系的形成是一个动态的发展过程，在这个动态的发展过程中，既要不断补充新的馆藏，又要不断通过复选，剔除那些已经失去使用价值的馆藏。这样，才能不断净化和完善馆藏体系，提高馆藏质量。

2. 复选的目的和意义

文献老化是馆藏文献复选的重要依据。图书馆的文献是长期积累起来的，随着时间的推移，新知识、新技术、新工艺的产生取代了旧知识、旧技术和旧工艺，不完善的方法也为较完善的方法所更新，这就必然导致文献内容的老化。文献老化的加快也导致了高校图书馆呆滞书刊的大量产生，这些呆滞书刊留在图书馆，不仅占用了大量空间，还使得有用的文献与无用的文献鱼龙混杂，降低了图书馆的藏书质量，也影响了藏书的有效利用。藏书复选是遵循藏书增长这一现象，又根据文献老化这一规律而进行的，图书馆藏书要遵循藏书发展稳定状态理论，也称为零增长理论。该理论认为，图书馆在发展到一定规模时，不应无限制地继续发展其藏书数量，而应控制藏书增长的速度，使藏书整体在一定时间内处于相对稳定状态。在这种状态下，保证较高的藏书入藏率，同时要剔除一定数量的失去价值的藏书，达到文献输出输入的动态平衡，确保馆藏图书的知识常新。

3. 复选的方法

馆藏复选的关键在于找出馆藏中读者多用、少用、不用或无用的文献进行补充、调整和剔除。对馆藏文献进行审查、鉴别和复选，必须依据馆藏复选标准，综合运用各种馆藏复选方法。复选方法主要包括：

（1）经验判断法

这是图书馆藏文献资源复选（剔除）最通用的方法，相关人员根据文献的外观、价值、借阅频率等直接在书架上审查文献资料，进行主观判断剔除。图书馆在剔除工作进行之前，一般会根据本馆馆藏建设方针，制定一系列的标准、规则或准则，由于剔除标准、规则或准则是针对整体馆藏的普遍性原则，它使剔除人员在宏观上有所把握，防止剔除工作出现大的纰漏。但是在实际剔除工作中除人员面对的是具体的藏书，其涵盖的知识内容千差万别，质量参差不齐。剔除人员把握尺度不同，结果往往会不一样，单凭工作人员的经验和印象对文献资源进行主观判断复选剔除是不准确的，因此，对经验判断法选出的有疑问的文献，还须参考其借阅记录，查询读者对其的需求情况，必要时还要征求读者的意见。

（2）滞架时间判断法

这是一种根据一本书在两次流通之间未被使用的时间长度来确定藏书是否应剔除的方法。滞架时间是预测图书使用率的最佳数据，也是确定"滞书"最有用的客观标准。用计算机对各种图书的利用情况进行调查，统计呆滞图书，生成呆滞书目，可为藏书的剔除工作提供可靠的依据，其前提是必须有完整的文献借阅记录供参考、计算和分析。

（3）书龄法

这种方法是根据文献的出版年代、日期来剔除馆藏文献的，在剔除工作开始之前，必须确定采取什么日期（如版权日期、印刷日期、图书上架日期），以在规定的年限范围内流通的次数为标准，把低于规定流通次数的图书作为剔除对象。出版年代相同的图书，其当前的使用率也相差甚远，因此在以出版年代作为判断标准时，不应单纯以年代日期决定藏书的去留，对藏书的内容、版本等还要慎重考虑，必要时还要请有关专家核定，否则就有可能把一些有价值、使用率高的旧书剔除。

（4）半衰期测定法

所谓文献的"半衰期"是指某学科现时尚在利用的全部文献中较新的一半是在多长一段时间内发表或出版的，这与该学科一半文献的失效所经历的时间大体相当。例如若计算出某一学科文献的"半衰期"是5年，那就意味着该学科现在正被使用的全部文献的一半是在最近5年内发表或出版的；同时，也意味着经过5年，该学科全部文献一半的利用价值已逐渐衰减。文献的利用衰变与文献增长有密切关系，不同学科的文献有不同的半衰期。应用此方法，剔除前应先确定各学科文献不同的有效时间，然后根据文献半衰期规律确定各类藏书的取舍。

（5）目录比较法

通过将馆藏现有中、外文文献和系资料室的文献目录与相关的某学科的标准书目、核心书目、核心期刊代表或某些权威的馆藏目录进行比照，评估文献收藏的完备程度，对馆藏进行复选，决定是否剔除。

（6）用户评议法

通过征询读者意见，如个别征询、访问、问卷调查和召开小型座谈会等，了解读者的需求和对图书馆文献资源建设的评价与建议，如哪些书不符合需求或已过时，或需要加强补充，或复本过多或过少，根据用户的建议确定文献复选的范围和标准。

（7）数学计算方法

利用数学方法，如统计学的方法对载文量、引文量、书龄、复本量、滞架时间和使用频率等进行统计分析，并运用专门的公式或方法进行计算，根据计算结果做出复选决定。

（8）外形判断法

最容易为人们所接受的复选标准就是以所藏文献外形为依据，即：①外观陈旧，妨碍使用；②纸质低劣或印刷质量差的文献；③书页肮脏、发黄发脆、书脊开裂、缺页严重，甚至影响阅读的文献；④多次修补无法继续使用的文献。这些文献均属于剔除的范围。

4. 藏书剔除的步骤和程序

（1）组建藏书剔除的领导班子

组建专门负责藏书剔除的小组或部门，该小组或部门由熟悉馆藏、了解本馆任务和读者需求，具有丰富实践经验的人员组成。

（2）调查研究，制订方案

从实际情况出发，调查高校图书馆任务、馆藏、读者的基本情况，读者对各类书刊的要求与利用情况，本馆藏书与书刊流通情况，本馆的主要任务与读者需求趋势，我国科技发展水平与各学科各类型文献老化规律等情况。在此基础上，制订出剔除的实施方案，包括剔除的具体原则、标准、范围、方法、步骤等。

（3）数量统计

对某学科的图书、期刊及各种类型的文献进行详尽的统计，包括该学科的下位类、各组成部分及相关学科文献，不同文种结构、不同的文献类型，外文书中文版、影印图书的比例，连续出版物的连续收藏时间等。

（4）书目核对和核实电子文献

就图书馆现有中、外文图书和系资料室的图书选择有关某学科的标准书目、核心书目、核心期刊代表或某些权威的馆藏目录，与本学科馆藏进行比照，以评估本馆文献收藏的完备程度，对馆藏电子文献、各种数据库覆盖面、特色、利用情况进行调查，有电子文献的图书文献其副本可减少到最低限度。

（5）逐类逐种审查，提出剔书目录

根据既定方案，剔除人员要对藏书逐类审查，逐种鉴别，初步拟定剔书清单，内容包括剔除图书的财产号、文献名称、责任者、出版年、版次、定价等，一并附上剔除原因，经广泛听取意见后，交剔除小组讨论，提出正式剔书目录清单。

（6）抽书、出库和注销工作

及时办好藏书剔除的各种手续，依据剔书清单目录逐一把需要剔除的图书下架，在数据库中注销目录并修改财产账，最后根据剔除清单办理出库手续，保存清单以便统计与参考。

（7）对剔除图书合理处理

如团体调拨、交换、旧书寄卖店、图书交换市场、开辟无偿利用角等。

二、建立科学的文献资源引进机制

（一）建立高校各级文献资源建设委员会

随着科学技术的发展，国内外出版队伍的壮大，数字图书馆在全球的蓬勃兴起，各种文献资源日渐丰富，高校图书馆文献资源采集正面临以下几方面的问题。

第一，随着社会主义市场经济的深入发展，日益繁荣的图书市场对高校图书馆文献资源建设产生了许多负面影响，如图书的多途径、多渠道发行增加了采访人员选书的随意性，影响了文献资源的采购质量。

第二，面对知识信息爆炸，边缘学科、交叉学科、新兴学科的不断涌现，大多数高校图书馆采访人员知识结构单一，仅仅局限于图书情报专业或者是单一的文科、理科专业，知识面较窄，加上缺少培训学习，知识成分老化，无法应对日新月异的科技发展趋势，势必形成巨大的"剪刀差"，影响文献资源的采购质量。

第三，受纸张价格上涨等因素的影响，文献资料近几年的价格普遍上涨。据统计，纸质图书的年上涨比例为13%左右，高校图书馆的文献购置经费往往捉襟见肘，无法满足本校教学、科研和广大读者的文献资源需要。

第四，随着出版业的发展，全世界每年出版发行的图书、期刊、电子资源品种多，数量大，高校图书馆少量的采访人员即便邀请部分教师参与选书工作，仍无法判断取与舍，控制数量的多与少，难免选购一些可有可无、非师生读者所需的文献资料。

（二）建立完善的文献信息资源采购审批程序

1. 采购审批原则

一是采购文献要满足本校教学、科研、管理工作及学校未来发展对文献的需要，为学校的发展提供文献信息资源保障。二是采购文献要根据学校的学科建设、科学研究、教学工作有重点地选择文献，重点学科的文献要力争达到研究级收藏水平，要满足教学对国内外经典教材和参考书的需要，兼顾不同的用户群体对文献的需求。三是采购文献要保证馆藏文献的连续性、完整性、适用性，突出本校藏书特色，要根据读者的阅读习惯和文献的特点选择不同载体的文献。四是采购文献时要认真收集用户的意见和建议，实行责任审批制度。

2. 采购审批程序

单件（套）价格低于1万元的文献信息资料，由高校图书馆相关负责人审批。

单件（套）价格2000元以内的一般由文献资源建设部主任审批。

单件（套）价格2000~5000元以内的一般由分管文献资源建设的副馆长审批。

单件（套）价格5000~10000元以内的一般由馆长审批。

单件（套）价格1万~5万元以内的文献资料，由高校图书馆文献资源建设委员会审定。

单件（套）价格5万元及以上的文献资料，由高校图书馆文献资源建设委员会预审通过后提交学校文献资源建设委员会审定。

数据库、电子图书等大型电子资源，须先经过用户所在单位书面推荐，图书馆联系试用（试用期1~3个月），然后根据试用情况（点击率、下载量等评价指标）和学科专业建设实际需要，按上述程序审批。

经审批确定购买的文献信息资源均应按学校有关大宗物资采购招投标管理办法采购。

三、建立完善的文献资源采集工作规范

文献资源采集工作是高校图书馆最重要的基础工作之一，也是高校图书馆文献资源建设的关键环节。它包括学校教学科研信息与馆藏文献信息的调研分析、图书馆文献资源建设中长期规划及其实施计划的制订，文献资源出版发行信息的收集、整序、发布及采购意见和建议的征集，文献信息资源的引进、购买、交换与捐赠文献的受理，入藏文献的验收、登记与复审等。

完善的文献信息资源采集工作规范应包括以下几方面的内容。

第一，严格执行文献采购原则和标准，认真履行文献采购审批程序，模范遵守学校财经纪律，合理使用文献购置经费，避免漏订或重购，严禁滥购，确保图书馆藏书建设工作做到"有规划、有计划、有预算"。

第二，掌握学校学科专业建设、教育教学和科学研究现状与趋势，内容包括学科专业建设规划、学科专业设置、人才培养方案、学生规模、课程设置计划、主干课程教材使用计划及主讲教师、学科带头人、学术骨干等承担的课程及科研课题情况。采取有效形式与本校学科带头人、学术骨干、主讲教师保持经常性联系，及时了解他们对文献信息资源购置、补充的意见和建议，每学期要定期深入教学科研单位了解和掌握学科专业建设、科研课题、本科生和研究生规模、教学计划、教学参考书变动及对其文献信息的需求情况，并做好查访记录，建立信息档案。

第三，应充分熟悉本馆馆藏，了解各学科、各专业、各类型文献资源收藏情况，对各学科经典著作、重要学术论著、主要研究资料和教学参考书的收藏状况做到"家底清，情况明"。要在图书馆内各读者部门建立起有效的资源需求及资源利用信息反馈渠道，经常到读者部门听取和收集一线工作人员对藏书补充的建议。

第四，应了解国内外文献信息资源，出版发行机构的性质特点和资源特色，掌握与学校学科专业对口的出版单位的出版发行动态，完备收集国内外出版发行信息，并加以整理、分析、建档和建库；积极开发完善读者荐购网络平台，面向全校师生及时发布书目文献信息，公开订购和入藏信息，在图书馆文献信息资源建设活动中，切实赋予不同师生读者以知情权、建议权、受予权、决策权、决定权。

第五，采集图书文献及普通光盘资料时，无论是预订、现购、函购，还是交换或接受赠送，均应进行查重，制作文献采购单，并做好采访数据，同一版本图书重购率应严格控制在3%以内。采访数据著录项目要完整准确，至少包括有题名、责任者、版次、出版者与出版时间、ISBN号、订数、定价或估价、来源等字段；图书预订或现购一般应到本馆图书采购中标单位进行，若因中标单位不能及时或无力保障教学科研所急需图书的供应，经主任领导同意，并向分管馆领导说明情况后，方可从其他渠道预订或购买。

第六，对报刊文献、光盘数据库和网络数据库而言，通常在每年10月左右由文献资源采购部门提出下年度的订购计划和方案，按文献资源采购审批程序进行审批；因学校学科专业建设发展变化等原因需要临时调整或补充计划时，应经分管馆领导审核并签署意见、报馆长批准后，提交图书馆文献资源建设委员会或学校文献资源建设委员会审定。光盘数据库和网络数据库采购方案要求数据翔实，论据充分，对拟引进数据库的性质特点、收录范围、重点书刊文献、适用学科范围、试用情况、读者评价等事实数据应在方案中有全面准确的反映。

第七，购买文献到馆后，应及时交给验收人员验收，验收合格后方可办理付款或报销手续；因特殊原因须提前付款时，应报经馆长批准，并说明原因；发现有不合格产品，均应做好记录，查明原因，分清责任，并做出有效改进。

第八，文献信息资源的采集应做好预订和入藏文献的分类统计，除准确统计各类型文献的种、册（件）、金额等数据外，对各学科、各专业文献的预订和入藏情况等应在统计表中也有直观的反映，且统计数据应按月及时上报。

四、加强采访队伍的建设

（一）调整采访人员结构

由于历史的原因，许多高校图书馆成为高校安排教师配偶的首选之地，采访人员学历结构参差不齐，有博士、硕士、本科、专科、中专等各种学历；也有的图书馆大多数人员都是图书情报专业毕业，对本校学科专业的知识不了解，以致高校图书馆的采访队伍结构不合理，很多采访人员的素质低，知识水平不高，责任心不强，采访中多凭自身的经验来判断，给采访工作带来偏差，无法保证文献采访质量。因此，高校图书馆应及时调整采访人员的学历结构和知识结构，有计划地通过引进、选拔、培养等方式让具备较高的思想素质、职业道德素质，有较强的事业心和责任心，有良好的语言沟通能力和社会活动能力，学历和专业水平较高的人员担任文献采访工作，以减少订书的随意性和盲目性，提高采访质量，更好地满足本校教学和科研的需要。

（二）加强采访人员思想素质教育

高校图书馆是社会建设精神文明和物质文明，进行爱国主义教育的中心，其所收集的文献资料不允许有不健康的作品，必须是优秀、健康的思想政治、文化艺术、科学技术的作品。这就要求高校图书馆通过学习、培训等方式加强对采访人员思想素质的教育，让他们树立正确的世界观、人生观、价值观，热爱图书馆事业，安心本职工作，努力钻研业务，热情为读者服务，把满足读者文献需求和学校教学、科研需要作为自己的目标追求，用购买的优秀作品去潜移默化地影响读者。

（三）加强采访人员素质的持续提高和读者培训工作

采访馆员素质的提高是一项长期的工作，采访人员素质一定要跟上学校建设和发展的需要。随着高校办学水平和层次的提高，规模的扩大，文献种类的增多，文献内容的加深，高校对采访人员素质的要求也越来越高。采访人员必须具有广博的学识，通古博今，掌握外语和计算机技术，能够熟练运用计算机进行图书管理和信息分析才能胜任采访工作。为此，高校图书馆可通过继续培训、请专家来馆讲座等方式，有计划地对采访人员进行图书馆专业知识、学校相关学科专业知识的培训，提高他们的业务素质，拓宽他们的知识结构，从而提高文献采访的质量。同时，让采访人员明确高校图书馆的性质、任务、服务对象，了解馆藏结构和读者的文献需求倾向，减少文献采访的随意性和盲目性。而图书馆的资源越来越丰富，如何用好图书馆资源，使学校投入文献经费效益实现最大化，做到物尽其用，需要馆员的引导，也需要加强读者培训。

（四）　加强采访人员社会活动能力和组织协调能力的培养

高校图书馆采访工作头绪纷繁，涉及面广，经常需要与读者、出版发行单位或个人进行沟通和交流，协调处理各项采访事务，没有一定的社会活动能力和组织能力是不能胜任采访工作的。因此，高校图书馆在重视采访人员思想素质和业务能力培养与提高的同时，也要重视采访人员社会活动能力和组织协调能力的培养与提高，让他们能轻松自如地与同行、读者、书店等单位或个人交往，营造和谐的工作氛围。

总之，新时期，高校图书馆应及时地调整人员结构，加强采访人员的教育与培训，让采访人员在掌握图书情报知识的基础上有良好的语言沟通能力，了解和掌握更多学科的知识，具备较高的思想素质、职业道德素质，有较强的事业心和责任心，有强健的体魄。只有这样，高校图书馆才能采购高质量、满足学校教学科研和读者需求的文献资料，从而提高自身的服务水平。

第三节　高校图书馆数字资源版权管理

一、制订图书馆数字资源版权管理战略规划

（一）　认识战略规划的重要性

现阶段，图书馆在数字资源开发利用、服务、长期保存等方面正面临着来自版权方的严峻挑战，版权问题已成为数字图书馆建设与服务的关键制约因素之

一。实施图书馆版权管理，有效避免版权侵权风险，最大限度地提高信息、资源的开发利用效率，保障公众自由获取信息的权利，消除"信息鸿沟"，已成为图书馆在现代技术环境下谋求发展的重中之重。

目前，越来越多的图书馆意识到版权管理的重要作用，并将其纳入图书馆的整体发展战略规划中。图书馆的战略规划是图书馆面向未来确定图书馆使命、愿景、目标、战略及其实施计划的思维过程与框架，战略规划对图书馆具有重要的价值，它不但可以引导图书馆应对变化、把握未来、规范组织行为、增强组织活力，而且能起到宣传图书馆的作用。图书馆数字资源版权管理战略规划是指图书馆对其在数字资源建设、存储、服务和长期保存等过程中所涉及的版权问题及其解决方案进行的战略指导和规划，它是一个纲领性文件，主要用来指导图书馆数字资源建设与服务中的版权著作管理，进而实现图书馆的使命和目标。制订图书馆数字资源版权管理战略规划，是解决版权问题的一种策略性方法，其意义和价值在于以下几点。

第一，是数字图书馆解决版权问题的重要策略。图书馆在国家文化发展中起着非常重要的作用，它是保障社会公众获取知识、享受普遍均等的信息服务的有效途径，但图书馆的建设，尤其是数字图书馆的建设应当重视版权保护和合理利用之间的关系。

第二，是梳理版权及其相关知识产权问题的良机。图书馆资源建设和服务中存在很多版权问题，制定版权战略是梳理这些版权问题的良好机会，加强图书馆内部各部门的参与，也能在资源建设与服务过程中避免侵犯他人的相关权利，同时能够更好地保护图书馆自有知识产权的资源。

第三，是员工和用户认识和理解版权的有效方式。宣传和实施版权战略的过程，可以加深员工对于版权制度的认识；同时对用户进行相关知识的教育，也是尽到图书馆合理告知义务、规避侵权风险的一种有效方式。

（二）遵循战略规划的制定程序

无论是单独制订数字资源版权管理战略规划，还是将其纳入图书馆整体战略规划中，都可遵循图书馆战略规划制订的一般程序与内容框架设计。

图书馆的战略规划设计应包括以下几点。

1. 分析战略环境与组织定位，确定版权管理战略目标

分析图书馆所处的战略环境与其组织定位，是明确战略目标、设计实施方案

的前期基础与必要依据。

分析图书馆所处的宏观环境，包括政治、经济、文化、技术等各个领域目前的情况与未来的发展态势，如剑桥大学图书馆指出的："信息资源的分发和传递在这个技术变化的时代正在得到快速的改变。用户越来越期望无障碍的知识发现，期望获得无障碍地链接网上全文的能力，以及在他们自己的工作场所重新使用资源的权利。我们的馆藏发展政策将会更加完善，以反映日益改变的需求。"这也是目前图书馆界面临的整体宏观环境。

对图书馆的内部环境进行分析、预测和评估。评估图书馆的内部环境，要了解主管部门及相关部门的支持力度、馆员的态度、本馆所拥有的资源及经费对图书馆的影响等系列因素，利用方法评估并分析本馆的优势、劣势、机遇与挑战。

以此作为制订战略计划的参考。例如，图书馆描述图书馆版权管理所面临的挑战是为满足用户日益增长的资源需求，图书馆与商业机构都在大规模地开展文献数字化工作，这方面主要受到经费和版权的限制。版权的挑战来自很难确认每一个作品的法定版权持有人。针对这一挑战，荷兰国家图书馆在战略规划中的解决方案是与出版商协会签署版权协定。

明确本组织的性质、核心服务对象、主要服务内容与范围、本馆的社会责任和形象及自身使命等。例如，图书馆行业协会宣传与推广的版权战略规划内容为传播并确保人类对信息、思想和想象的公平获取，平衡用户需求与创作者权利，如美国图书馆协会大力宣传图书馆的关键问题，如教育、知识自由、隐私、合理使用、文化遗产的长期保存、素养、公平获取、政府信息、永久免费、公共获取。作为高校图书馆，主要服务是为科研提供支持，如哥伦比亚大学图书馆建立了版权咨询办公室，以此解决好版权法与大学中的研究、教学、服务活动之间的关系。

2. 制订版权管理战略目标和版权管理战略实施方案

制定战略目标应秉承系统、平衡、权变的原则，确保清楚明确，合理可行。数字资源版权管理的战略目标与数字资源建设与服务等密切相关，可借助这些指标设定量化、具体的目标，使战略规划具有可衡量性、执行性。例如公有领域资源预期建设量、自主知识产权数据库建设目标、外购数字资源量、授权服务人群增长率、授权服务方式与服务范围扩大等。

版权管理战略实施方案是实现战略目标的支撑，图书馆要针对战略目标，根据自身条件制订切实可行的行动方案。例如，英国国家图书馆提出的战略目标之一是"对授权的数字资源提供更多的在线访问机会",针对这一目标,其具体实施策略是"与出版商协商,通过各种模式提供馆外授权资源的访问(包括付费和免费访问),协调版权人与用户间的利益关系"。版权管理战略实施方案与策略有多种选择,例如,开发公有领域资源、利用法律法规中的合理使用与法定许可条款、从多种渠道获取版权所有者授权、保护自有知识产权等。实施方案的制订要具有针对性、科学性、客观性、可行性,对图书馆在战略规划的实施阶段有切实的实践指导意义。

在确定战略实施方案中,要充分考虑图书馆环境因素的变化及影响程度,将有限的资源用在最关键的地方,以发挥最有效的作用。此外,还要运用战略、战术,要对每个阶段可能遇到的风险及变数进行分析,并制定应对风险和变数的措施。

3. 编制版权管理战略规划文本

在分析战略环境与组织定位,确定版权管理战略目标,制定版权管理战略目标和版权管理战略实施方案等过程完成后,要将这些成果细化到版权管理战略规划的文本中。不同国家、不同类型图书馆的战略规划文本有一定区别,但有一些核心的基本要素与内容框架被大多数图书馆所采用。

(三) 建立战略规划保障体系

战略规划的有效应用与实施需要建立可靠的保障体系,根据图书馆的运行特点,涉及制度建设、经费安排与岗位设置、宣传推广和培训等方面。

1. 设置版权管理岗位,安排版权管理经费

在数字图书馆的建设与服务过程中,版权管理的实践性很强,需要安排专门的人员,同时将版权成本纳入经费预算中,为规避版权风险,有效地进行版权管理。国外一些图书馆专门设置"版权图书馆员"岗位来管理知识产权事务,如美国密歇根州立大学图书馆、亚利桑那大学图书馆、犹他大学图书馆、加州大学洛杉矶分校图书馆、加拿大昆特兰理工大学图书馆、澳大利亚新南威尔士州立图书馆等,要求版权馆员能熟悉版权政策,为用户提供各种版权咨询,指导用户利用知识产权实现对资源的充分利用。

2. 制定和完善相关版权政策

系统的版权政策能够有效指导图书馆的相关业务工作,规避侵权风险。部分图书馆在本国版权法中合理运用法定许可条款及图书馆条款的指导,独立发展自

己的版权政策，如纽约公共图书馆的版权政策包括纽约公共图书馆对其网站的权利、其他人的版权义务、关于公众使用互联网的政策、法律声明、纽约公共图书馆的一般规则和条例等内容。

图书馆需要制定和完善相应的版权政策以支持版权战略规划的实施，包括面向图书馆各项业务的版权规章制度，如采购版权政策、文献传递版权政策、复制版权政策、网站建设版权政策等；面向用户的版权政策，例如网站声明、用户应遵守的版权须知等。同时，根据国际版权条约的修订、本国法律法规及政策的变化等情况，不断调整、完善版权政策。

3. 进行员工版权培训和读者版权知识教育

在制订版权管理战略规划后，图书馆需要向员工介绍规划战略目标和具体实施策略，使全体员工积极参与到版权管理活动的每一个环节，严格地执行战略规划。

图书馆需要加强版权保护教育工作，开展相关的讲座和培训，提升版权保护意识，讲解在图书馆数字资源采集、复制、数字化、文献传递、参考咨询、讲座展览服务、数字资源发布服务等各个业务环节中的版权注意事项，避免侵权行为发生，以有利于图书馆版权管理战略规划的顺利实施，促进版权管理工作的顺利开展。例如，"全国文化信息资源共享工程"（以下简称"共享工程"）通过加强培训强化保护意识，采取人员集中面授和卫星广播方式，举办了5次全国范围的知识产权培训班，分5批对共享工程省分中心有关人员进行了知识产权巡回培训，邀请国家知识产权局、法学专家、高校教授等就知识产权问题进行深入浅出的讲解，培训人次过万。这对共享工程获取更多资源的许可使用权有很大帮助。

图书馆应开展对用户的版权教育，编制用户版权指南，为用户合理利用图书馆提供指导，提醒复制、数据库使用、资源浏览与下载等过程中应注意的版权问题；在网络服务时以书面或口头的方式提醒教育读者有义务尊重版权；同时，通过版权声明、免责声明等方式尽到合理注意义务，指导读者合法利用数字化资源，提醒对文献内容做摘录和引用时，必须按照版权法的要求注明作者及其出处。

二、制定版权管理制度

（一）图书馆版权管理岗位

图书馆数字资源版权管理的规划、实施、反馈是一个长期的过程，版权图书馆员有助于在数字资源生命周期的各个环节对版权业务进行统一的协调与处理。设立版权管理岗位，须确定岗位职责、明确岗位要求，以便更有效地发挥作用。

1. 确定岗位职责

纵览各图书馆版权管理岗位的设置，因图书馆的性质、规模、服务对象、业务范围不同，版权管理岗位的具体职责也存在差异。总的来说，图书馆版权管理岗位的职责是在保护著作权人利益的同时，推动信息、资源的开发与利用，推动图书馆数字资源的建设与服务。具体而言，包括如下职责。

协助图书馆管理者制定图书馆数字版权管理规划与相关制度，为图书馆开发数字资源提供版权支持，甄别公有领域资源，梳理版权相关的法律法规；协助图书馆合理使用法定许可的条款，确保图书馆能够最大限度地利用著作权法赋予自身的合法权利进行数字资源建设与服务；通过多种途径获得版权许可与授权使用，参与相关合同制定与谈判，授权数字资源，更好地服务用户。

对数字资源建设与服务的各个环节做好风险预警，避免出现版权纠纷。

提供与版权相关的参考咨询、培训与建议。如：提供版权法律法规和图书馆所制定的各种版权政策的解释和咨询，解答关于版权、授权及权限的问题；开展培训，向工作人员讲授关于版权的案例、做法，传达版权权限、合理使用的信息，确保图书馆签署的许可协议的内容符合国家相关法律法规，并且清楚地传达给图书馆工作人员；提供关于作者协议、合理使用、权限和数据存取、使用及共享的专门要求的建议。

2. 明确岗位要求

图书馆在设置版权管理岗位时，可参考国外图书馆的岗位要求，结合我国法律环境与图书馆业务实际需求，聘用符合岗位素养要求的人员。针对版权管理岗位的职责需求，借鉴上述图书馆版权图书岗位人员任职条件，我国图书馆版权管理岗位需要具备如下方面的知识与能力：了解图书馆协会或其他图书馆协会有关图书馆可适用的著作权例外的声明性文件、原则或指南；熟练掌握知识产权相关法律法规知识；了解图书馆资源与服务，熟悉图书馆资源建设、信息业务和数字资源管理等方面的专业知识；了解版权的情况和版权交易的惯例与规则；具备优秀的协调能力，以利于在版权协议的签署过程中为图书馆争取最大利益；具备良好的沟通能力与表达能力，能完成图书馆版权相关的咨询、培训、宣传等工作。

（二）图书馆版权规章制度

1. 版权制度的重要性

版权规章制度也称为版权政策、版权业务规范等，包括对工作人员的规章制度、版权政策、版权业务细则、版权管理条例等，以及对图书馆用户的规章制度（如读者须知、用户指南等），是图书馆进行科学有效管理的重要手段。版权规章制度通过对工作人员的行为加以规范，引导工作人员在业务工作的各个流程切实处理好版权问题，以提高图书馆文献资源建设与服务的版权管理水平，在做好业务工作的同时有效规避侵权风险；对用户在利用图书馆资源时的行为进行规范与约束，明确其权利与义务，增强其版权保护意识，同时也尽到图书馆的合理注意与提醒义务，减少侵权风险行为。版权规章制度应达到以下两个基本目标。

第一，遵守。在对图书馆工作人员和用户复制版权保护期内资料进行管理时保持一致性，以避免侵权行为，同时遵从本国版权法和本馆电子资源的许可协议。

第二，指引。为图书馆工作人员和用户提供与版权相关的图书馆服务与图书馆资源利用各方面的指导教育，教给图书馆工作人员与用户关于版权的知识。

2. 调研需求

图书馆工作人员或读者可能会对提供或获取资源有很多版权方面的疑问，例如：既然图书馆已经购买了资源，为什么不能随意数字化并且提供使用？图书馆作为公益性机构，不以盈利为目的，是否可以减免版权侵权责任？是否可以复印整本书？是否可以把资料扫描以后放在网站上？要解决以上问题，就需求调研以进一步明确版权规章制度需要解决的相关细节问题。

调研可以但不限于在如下人员中进行。

图书馆工作人员，尤其是提供复印、虚拟参考咨询，电子阅览室（或数字共享空间）的一线工作人员，数据库采购人员、处理数字资源建设与服务相关业务的工作人员等，以及学术、科研人员。

3. 梳理业务与评估版权风险

针对图书馆提供或计划提供的业务活动进行梳理，对其已经存在的侵权责任或者潜在的侵权风险实施评估，例如，以下业务活动可能存在侵权风险：

复制活动：如用户自助复制（影印、打印、扫描、下载），图书馆工作人员为用户复制等。

数字资源建设：如数字资源采购、馆藏资源数字化或格式转换、网络资源采集、网络资源导航等。

数字资源服务：如数字资源发布服务、虚拟参考服务、数字资源原文传递服务、在线展览或在线讲座服务、网站转载网络信息资源、数字资源共享服务等。

图书馆要明确这些业务活动是否遵循了著作权法律法规和/或图书馆的许可协议，分辨在业务处理过程中潜在的侵权行为，针对各项业务的各种行为提出风险规避方案。

风险评估应有图书馆的法律顾问或版权馆员参与。

4. 制定版权规章制度

图书馆电子信息联盟对图书馆制定版权规章制度制定了指南，旨在突出考虑制定图书馆版权规章制度时应注意的问题，包括如何起草一项版权规章制度及该制度应包含的要素。指南指出，版权规章制度应当具备以下功能。

帮助明确图书馆工作人员和用户在版权法规定下有哪些权利和义务，并确保符合法律规定。

为图书馆工作人员提供足够的信息，支持他们在版权许可、授权和数字化问题的决策中做出正确选择，为解决版权方面的问题提供确定信息。

图书馆遵循所有相关国家立法责任的声明，遵守关于图书馆服务提供的相关规定，尤其是例外与限制用户的规定；用户行为应符合法律或协议许可，包括用户复制行为、教学人员为教育和研究的目的的复制、学生为学习和研究目的的复制、为方便残障人士使用而进行的复制、图书馆中使用数码相机或手持式扫描仪、格式转换、在电子学习工具中使用图书馆的资源等。

寻求版权许可、授权如何实施的建议。

学生作品（如论文和学位论文）的版权问题。

本图书馆管理的开放存取数据库的授权及存取库许可和规定。

免责声明。

索引和/或目录。

版权问题的联系人。

常见问题。

在图书馆版权规章制度制定完成后，还应定期检查与更新，以反映图书馆信息环境的变化，尤其是当国家立法、图书馆数字资源的协议、图书馆人员和信息资源的使用发生改变以后，以及图书馆引进新服务时，需要对已有的版权规章制度进行修订。

三、获取著作权授权

（一）著作权人授权机制

根据著作权法律法规中的"先授权后传播"原则，除公有领域资源、合理使用与法定许可等著作权权利限制与例外等特殊情形，图书馆将版权保护期内的作品数字化和提供使用，必须先获得著作权人的授权。获得著作权人的授权有两种方式：一种是与著作权人签订许可使用合同，获得作品的使用权，包括复制权（包括但不限于数字化形式的复制、加工和整合等）、展览权、放映权、传播权、信息网络传播权等权利的使用权；另一种是与著作权人签订著作权权利转让合同，获得作品，除精神性权利（包括署名权、发表权、修改权和保护作品完整权）以外的部分或全部著作财产权，包括但不限于数字化方式的复制权、信息网络传播权等。图书馆在通过著作权人获得授权过程中应注意下列事项。

1. 确定著作权归属

图书馆获得著作权人的授权需要与其签订许可使用合同或著作权转让合同，因此需要确定著作权的归属，从享有权利的公民、法人或其他组织获取授权。著作权属于作者，本法另有规定的除外。创作作品的公民是作者。由法人或者其他组织主持，代表法人或者其他组织意志创作，并由法人或者其他组织承担责任的作品，法人或者其他组织视为作者。如无相反证明，在作品上署名的公民、法人或者其他组织为作者。

2. 审查著作权人是否具备授权资格

首先，要审核著作权人是否具备相应的主体资格。转让方是自然人的，应具备相应的民事行为能力和民事责任能力；转让方是法人或其他组织的，应是依法成立，合法存续，且具备持续经营能力的实体。

其次，要审核著作权人是否有权自由地转让该著作权或许可授权。例如，职务作品完成两年内，未经单位同意，作者不得许可第三人以与单位使用的相同方式使用该作品，在这种情况下作者没有权利单独自由地许可图书馆使用作品。如果著作权人将其著作权中的财产权出质，将该财产权作为债权的担保，即进行了著作权质押，那么著作权人不得擅自转让或许可他人使用已出质的著作权中的财产权，除非出质人已征得质权人同意。如果著作权人已排他性授权第三方使用，例如将信息网络传播权等独家授权给出版社，则在排他授权期限内著作权人没有权利将该作品授权给图书馆使用。

3. 签订著作权许可使用或转让合同

图书馆使用他人作品无论是有偿获得授权还是接受著作权捐赠，都应当同著作权人订立许可使用合同，严格按照合同约定使用作品。许可使用合同包括下列主要内容：许可使用的权利种类，为满足图书馆将作品的数字化与提供服务等需求，至少应包括复制权与信息网络传播权等；使用的权利是专有使用权或者非专有使用权，一般而言，图书馆的使用作品权限要求非专有使用权即可；许可使用的地域范围、期限，例如局域网、互联网或认证用户使用，是否能与其他机构共享，是永久授权还是有使用期限；付酬标准和办法；双方的违约责任；双方认为需要约定的其他内容。著作权人将著作财产权转让给图书馆时，图书馆也应当与其订立书面合同，严格按照合同约定使用作品。权利转让合同包括下列主要内容：作品的名称；转让的权利种类、地域范围；转让价金；交付转让价金的日期和方式；违约责任；双方认为要约定的其他内容。

（二）出版商授权机制

图书馆如想要将在版权保护期内的图书、期刊、音视频资源数字化后通过网络进行公益性使用，除了通过著作权人、著作权集体管理组织等方式获取授权外，还可以与出版图书、期刊、音视频等资源的出版社沟通，与出版社就资源的复制权、信息网络传播权、图书版式权等相关权利签订授权协议，在取得出版社的合法授权后，才能在网站上发布使用，否则构成侵权，且不能用"合理使用"或"没有营利"等理由加以规避侵权责任。在通过出版社获取授权时须注意如下问题。

1. 审查出版社拥有的权利

通过出版社获取授权时须确定资源的复制权、信息网络传播权等权利是否在原著作权人与出版社签订的出版合同中有明确约定。如果是音视频资源，审查出版合同时，要明确对于表演者权利、录音录像制作者权利等相关权利的具体约定，明确出版社是否有权利转授及出版合同是否已经到期等情况。如果图书馆所需要的相关权利由作者持有，或出版社不具有转授的权利，则需要联系作者取得授权。必要时，可要求出版社提供出版合同或相关权利、部分条款的原件或复印件等相关证明性文件以供判断。

2. 取得授权

在合法获取文献复制权、信息网络传播权等权利授权的同时，图书馆如果要将文献原版原貌发布在网站供读者使用，该图书或期刊的出版时间还没有超过一年，则应获得出版社的版式设计权授权。

3. 约定版权无瑕疵承诺

协议中对授权方的权利及转授权、授权期限等要有明确约定。要保证授权者是真正的权利所有者，保证所提供授权的作品著作权为合法来源，不侵害他人著作权和其他权利，且所拥有的相关权利无任何版权瑕疵；明确因版权瑕疵所导致的所有法律责任由承诺方即授权方承担。对于版权无瑕疵的承诺条款可以最大化降低图书馆的侵权风险，在一定程度上有效防止合同方侵权而导致图书馆承担授权连带责任。

四、应用版权管理技术

（一）版权信息管理技术

数字版权问题贯穿数字图书馆建设和利用的全过程，在图书馆大力发展数字资源采集、加工、组织、保存、发布与服务等信息技术的同时，如何有效管理馆藏资源的数字版权及其授权成为图书馆必须解决的问题。管理系统是数字图书馆技术发展的重要内容，也是整个数字图书馆运行的法律支持和核心基础构件，在推动图书馆尊重、保护和利用版权方面具有重要意义。选择合适的管理系统对图书馆来说至关重要，主要考虑以下几点。

1. 选择适用的系统建设方式

版权信息管理系统的开发与建设是一项复杂的系统工程，一般情况下，图书馆主要通过三种方式建设版权信息管理系统。①图书馆自主研发。图书馆组织力量自主开发版权信息管理系统，从本馆的实际需求出发，系统功能的针对性和实用性更强，但这也要求图书馆具备相应的开发能力，包括具备较好的人员与技术基础、软硬件条件和经费支持等，并对从系统需求设计、开发、测试到正式部署应用需要较长的时间周期有充足的考虑。②复用其他图书馆的版权信息管理系统。尽管大多数图书馆对版权信息管理系统具有强烈的实践需求，但部分图书馆不具备自主开发的条件，特别是对一些中小型图书馆而言，没有能力承担系统开发和建设所需要的人力、物力和财力投入。在信息技术标准化的背景下，通过协商和沟通，复用其他图书馆已经完成建设的版权信息管理系统是图书馆有益的选择之一，不但能够避免重复开发带来的浪费，而且可操作性也较强。③采购商业化的版权管理系统。目前市场上存在多种信息管理解决方案，其中不乏专门的版权信息管理系统，通过采购引进商业化管理系统也是图书馆的选择之一。采用这种方式建设版权信息管理系统，要求图书馆必须加强对商业化版权管理系统的调研和分析，充分考虑满足本馆需求的情况和信息安全问题，并考虑系统的适用性改造。

2. 设定版权信息管理系统的目标与定位

图书馆馆藏资源类型多样，纸质资源、数字资源等不同类型的资源管理系统可能同时并列存在，而多种类型馆藏之间可能存在密切的关联关系。例如，对于同一种图书，图书馆既采购了纸本图书，也采购了相应的电子图书，并分别在本馆纸本图书管理系统和数字资源管理系统中登记馆藏信息。在这种情况下，图书馆的版权信息管理可能通过两种方式实现：一是在原有的馆藏管理系统中增加版权信息管理模块，记录授权信息及使用情况；二是设计独立的应用系统，以版权信息为主线，集中管理和利用分散分布的馆藏资源，综合考虑版权信息管理的特性、图书馆现有馆藏管理的改造难度及图书馆综合管理的需求，独立的版权信息管理系统在数字版权管理中的优势更加明显。版权信息管理系统的主要目标是建设版权信息库，实现馆藏信息、授权信息、合同信息三位一体的登记与管理，并提供版权相关信息的查询、检索和统计服务，建立各种资源之间的版权关联关系，以及版权与馆藏资源之间的授权关系，并与数字图书馆其他业务功能及系统之间保持顺畅的数据交换关系。

3. 明确版权信息管理系统的核心功能

针对不同的应用需求，版权信息管理系统的设计可能千差万别，但其核心功能基本是趋于一致的，主要包括：实现各类型资源及其授权信息与合同信息的登记和变更管理，实现版权授权预警管理和合同结算管理；建立和维护图书馆数字资源、纸质资源等多种馆藏资源版权记录的连接，表明各种资源的版权关系；提供版权信息的接收、查询、导航、检索和统计服务；建立与数字图书馆加工、组织、保存、发布服务等其他应用系统之间的调用服务接口；实现本系统的用户管理、数据管理、日志管理、负载监控等运行维护功能。

（二）数字版权保护技术

数字信息技术的发展大大提高了资源的生产和传播效率，便捷的复制和传播方式同时加大了版权侵权的隐患。数字版权保护技术应用于数字化作品生产、传播、销售和利用的全过程，是针对权利保护的数字化管理技术工具，核心作用是通过安全和加密技术控制数字内容传播，从而在技术上防止数字内容的非法复制和使用。数字版权保护一方面是从内容提供者的角度提供有效的技术手段来保护作者和出版者的版权，使得作者和出版者的利益能够得到保证；另一方面则是要确保内容消费者接受的数字作品信息内容的完整性、真实性和安全性。数字版权保护技术不是一种单一的技术，而是由数字证书、数据加密、数字水印、验证、权限描述等多种技术共同构成的综合技术体系，其中，数字水印（Digital Water-marking）是目前在图书馆范围内应用最为广泛的一种技术措施。数字水印技术将标识信息直接嵌入数字载体中，或是通过修改特定区域结构来间接表示标识信息，并且将嵌入信息隐蔽，在不影响原载体的使用价值、不易被探知和再次修改的情况下，起到标识的作用。数字图书馆中的数字载体可能是图像、音视频、文本等，标识信息即水印信息，可以是序列号、图像、文本等形式，用来识别数字内容的来源、版本、作者身份、合法使用人等重要信息。数字水印技术主要具有以下特点。

1. 安全性

数字水印是以隐蔽手段嵌入的信息，难以篡改或伪造。当原数字内容发生变化时，数字水印一般随之发生变化，对重复添加信息也具有很强的抵抗性，从而可以用来检测原始数据的变更情况。

2. 隐蔽性

数字水印不易直接被感知，只能通过数据压缩、过滤等方法才能检测嵌入的信息；同时，数字水印不影响被保护数据的正常使用，不会因为添加数字水印而降低原数据的质量。

3. 鲁棒性

鲁棒性就是系统的健壮性，是指数据在经历数据剪切、重采样、滤波、信道噪声、有损压缩编码等多种信号处理过程后，数字水印仍能保持部分完整性而被检测出来。如果擅自去除嵌入的标识信息，就会影响数字内容的质量。

4. 嵌入容量大

嵌入容量是指载体在不发生形变的前提下嵌入的水印信息，嵌入的水印信息必须是足以表示数据内容的创建者或所有者的标识信息。数字水印包括序列号、图像、文本等各种形式。在版权标识方面，之前图书馆常见的做法是在图像、文本、视频等数字载体上直接添加标识信息，使读者能够直接感知这种方式。但这样不但影响视觉效果，且易于被去除或者篡改，使数据的安全性受到影响。数字水印技术是利用数据隐藏原理使版权标识不见或不可听，既不损害数字内容，又能达到版权保护的目的。目前，用于版权保护的数据水印技术已经进入了初步实用化阶段，IBM 公司、Adobe 公司等就在其产品中提供了数字水印功能，可供图书馆作为技术实践参考。

（三）数字资源访问控制技术

数字资源访问控制是图书馆常用的数字版权保护措施之一，也是图书馆与数字资源提供商合同约定的必要内容。目前，图书馆进行访问控制的主要方式包括数字资源发布范围控制、用户认证管理、用户访问行为规范等。

1. 数字资源发布范围控制

图书馆数字资源的来源十分广泛，主要获取渠道包括采购、许可授权、自主建设、征集、捐赠、交换等，各种来源资源的版权状态与使用限制也不尽相同，这要求图书馆在提供发布服务时，必须采用"分类分层"管理，严格按照版权要求和合同约定控制资源的发布范围。控制数字资源发布范围主要依靠数字资源管理系统和用户信息管理系统的设置，控制的依据是数字资源的版权状态。公有领域资源和图书馆自有版权资源允许的发布范围较为广泛，图书馆可根据自身需求选择发布控制；对于尚在版权保护期内的资源，其发布范围则受到法律约束，图书馆应根据本馆获得的授权情况进行发布。因此，在图书馆与资源提供商签订授权合同时，必须明确约定发布范围。通过计算机互联网、局域网、广播电视网、固定通信网、移动通信网等方式提供数字资源服务，涉及信息网络传播权等不同种类的版权，这是图书馆在获取授权中应当重点审查的内容。围绕发布服务范围的问题，图书馆应通过明确的合同约定和有效的权利审查，避免在服务中引起版权纠纷。

2. 用户认证管理

用户认证管理是进行数字资源访问控制的一种必要手段，结构合理、管理有效的用户认证管理系统，能够促进数字资源服务和数字版权管理得到高效、安全、有序的保障。根据不同的认证状态，图书馆用户一般可被划分为匿名用户、非实名认证用户、实名认证用户、集团等类型。图书馆应按照分级分类的原则，结合数字资源授权情况，为不同类型的用户分配不同的访问权限。一般而言，实名认证用户包括图书馆物理卡用户和网络实名认证用户，要求用户使用身份证、户口簿等有效身份证件以真实身份进行注册登记，有条件的图书馆可以探索与公安机关的身份证管理系统进行关联，以提高实名身份认证的准确率和认证效率。实名认证用户身份真实可靠，便于进行用户管理和服务跟踪，图书馆应当提倡使用实名认证，让实名认证用户成为本馆的主体用户，并在合理授权约定内为其提供相对广泛的访问权限。匿名用户，主要是指不需要任何身份认证信息，即可以"游客"身份进行访问活动的用户。非实名认证用户主要指通过一定的网络注册流程，但未使用真实身份信息进行注册的用户。这两类用户真实身份不明确，导致图书馆管理和服务追踪的难度加大，因此，图书馆应根据数字资源的版权状态，为匿名用户和非实名认证用户设置相对有限的访问权限。

集团用户和 VIP 用户是图书馆服务特殊的用户群体。集团用户包括企事业单位用户、分馆用户等。集团用户的规模可能对权利人版权的收益带来影响，特别是具备采购能力的独立法人用户，因此，一般情况下数字资源提供商在进行数字版权授权时，会针对集团用户提出专门的授权政策，图书馆在进行授权谈判、用户管理、访问范围控制等环节的工作时，对此应有全盘的考虑。如果权利人许可，图书馆可以通过建立镜像站点和专用网络的方式为用户提供数字资源。同样，为 VIP 用户开放超越一般用户的特殊访问权限也应当得到权利人的许可。

3. 用户访问

在通过数字资源访问控制技术加强数字资源保护的活动中，图书馆不但可以用认证和权限管理完成访问控制的后台操作，同时可以采取明示政策和内置提示功能，以互动的方式对用户访问行为进行规范。图书馆在著作权法律法规和授权合同约定的框架之下，为用户提供数字资源服务，用户的利用行为也必须符合法律和合同的要求。为此，不少图书馆选择通过张贴海报、网络发布等各种方式向用户明示相关信息，使用户明确知晓其在访问图书馆数字资源过程中的权利和义务。

（四）数字与网络技术的发展

数字与网络技术的发展极大地推动了国内外数字图书馆的建设与发展，同时也使图书馆面临的著作权问题更加复杂。数字图书馆涉及数字资源建设、数字资源组织、数字资源服务等各项环节与业务，在数字资源建设与服务过程中不可避免地要遭遇著作权问题。能否妥善处理著作权问题，直接关系到数字图书馆项目的资源建设规模、服务模式、服务范围等方方面面。数字图书馆获得信息资源的途径包括两种：一种是获得法律的授权，另一种是获得合同的授权。目前，国内外多个数字图书馆项目在如火如荼地开展，各个数字图书馆都在极力寻求适合于自身发展的著作权解决方案，有的已积累了许多成功的经验，并形成了可被他人借鉴的模式。这些数字图书馆项目解决著作权问题的方式大多从以下几个角度出发：或充分开发公有领域资源，或充分利用著作权法中的权利豁免，或与著作权集体管理组织、出版社、作者等签订授权协议。这些都是数字图书馆建设与发展过程中解决版权问题的有益探索与有效途径。此外，图书馆还需要采取各种措施与手段来保障数字资源版权管理工作顺利开展，例如应用版权管理技术、制定版权规章制度及设置版权管理岗位等。

第六章 高校图书馆管理创新

第一节 信息时代高校图书馆管理模式创新

一、高校图书馆管理创新理念的产生与意义

图书馆知识管理占据极为重要的地位，直接关系到图书馆管理质量，影响到社会、经济及文化的交流，做好图书馆管理工作还可以促进社会主义市场经济的稳定发展。但信息技术不断发展的今天，图书馆管理办法仍未得到更新，已经难以满足管理需求，引入先进的管理技术，促使图书馆管理工作朝着科学化、现代化的方向发展是当下需要重视的问题。信息技术作为提升管理效率的有效手段，将其创新应用到图书馆管理中必然会带来管理质量和管理效率的提升。

（一）高校图书馆管理创新理念的产生

图书馆知识管理理念早在 20 世纪 70 年代就被国际咨询公司提出，主要内容是使用科学技术对图书馆知识进行有效的控制管理，让图书馆资源得到充分利用。图书馆知识管理理念是社会经济文化发展的基本要求，也是人与人之间文化交流的重要基础，重视图书馆知识管理，将创新作为原动力，通过不断创新改进才可以让图书馆管理在新时代焕发生机。"知识管理就是运用集体的智慧提高组织应变能力和创新能力的管理。"而知识管理在狭义上是指对知识本身的管理，包含知识的创造、获取、加工、存储及应用等；广义上的知识管理则不仅是对知识进行管理，还有对知识相关的资源和无形财产的管理。

社会经济迅速发展的今天，人们对图书馆知识管理工作的重视度较高，坚持以人为本的管理理念，积极引进现代化技术和科学化的管理方法，让图书知识信息资源得到充分利用。虽然图书馆知识管理方面已经取得了不错的成绩，但就当下管理现状来看，仍存在较多需要解决的问题，落后的图书馆管理办法和管理态

度，都成了制约图书馆管理质量和效率提升的因素，也是亟须解决的重要问题。

（二）高校图书馆管理创新理念的意义

图书馆内的图书可以看作一个信息源，因此图书馆管理可以看作知识的辨识、收集、整理、组织、利用及分享等。开展图书馆管理工作的主要目标是让所有用户能够快速找到自己需要的资源，与单纯的知识管理进行对比，图书馆管理则重视知识与知识间的相互关系，主动去营造一个隐性知识与显性知识的活动平台，创造出一个专门服务于用户的新知识，从而满足社会发展的需求。当今社会中，用户的信息需求趋向于多样化、个性化，从信息单元转变为知识单元，加上咨询企业的兴起对图书馆管理的冲击，创新和改进图书馆管理已经势在必行。

（三）图书馆知识管理对图书馆管理的创新

1. 基本理念的创新

图书馆管理就是利用现代管理学原理和方法，通过计划、组织、控制、协调等行动来科学地分配图书馆资源，从而实现想要达成的目标。图书馆知识管理则是对图书馆管理的创新和改进，其基于知识管理的内容，对图书馆的资源进行配置，主要目标是满足用户的个性化和多样化需求。在图书馆知识管理下，图书馆的各项职能均会得到加强，两者的不同点可以总结为以下几点。

（1）理论基础不同

图书馆管理基于现代管理学理念，图书馆知识管理则基于知识管理理念，两者的理论基础存在根本性的差异。

（2）管理对象不同

图书馆管理主要针对所有从事图书馆管理的人员及图书馆的相关组成部分，图书馆知识管理则针对图书馆内的所有信息、技术、人力、物力等。

（3）侧重点不同

图书馆管理坚持以人为本的理念，将读者作为中心，但实际管理过程中，过于繁杂的事项让管理人员无法做好读者的管理工作；图书馆知识管理更好地诠释了以读者为中心的管理思想，将繁杂的事项简单化，留出了足够的时间、人力、物力来满足读者的个性化需求。

2. 组织模式的创新

图书馆知识管理的出现颠覆了人们对图书馆管理的认识，重新建立起灵活、高效的管理组织。在这个管理组织内部，各个成员之间共同努力，将积累知识、传播知识、应用知识作为出发点。以下为组织模式的四大组成部分：

（1）管理团队

管理团队是管理组织中的核心部分，主要任务是在把握现状的基础上，规划图书馆的宏观发展方向。除此之外，还要处理图书馆内的日常事宜，如创建图书馆知识管理和信息管理平台、开展图书馆内读者的交流学习活动、协调图书馆之间的相互关系等，让图书馆与图书馆之间、读者与读者之间保持良好的关系，减少矛盾纠纷等问题的出现。

（2）信息建设团队

信息建设团队可以说是管理组织内的执行者，主要任务是将图书馆内的信息进行整理、加工及数字化转化，这也是信息技术用于知识管理的重要内容。除此之外，信息建设团队还要做好服务工作，定期维护已经建立起来的系统，保证知识管理系统有效地为读者提供服务。

（3）服务团队

服务团队的服务对象是所有读者，主要任务是帮助读者实现图书借阅、解答读者疑问、做好知识管理系统培训等，让读者的所有需求得到满足。服务团队在工作过程中免不了与读者的沟通交流，沟通交流的过程中会发现当下存在的问题，从而总结归纳对知识管理模式进行创新。

（4）技术研发团队

创新是原动力，图书馆管理的改进离不开创新的支持。在图书馆知识管理期间，技术研发团队着重于开发和应用新技术、新标准、新设备。除此之外，还要做好设备的维护、更新工作，保证图书数据分析处理系统的稳定有效运行。

3. 服务工作的创新

满足读者的各项需求就是服务的一种表现。在图书馆知识管理中，图书馆管理还要重视服务工作的创新，优化改进服务方法，真正实现以读者为中心。

（1）明确服务趋向

图书馆管理的核心思想就是坚持以读者为中心，满足读者的各项需求。但传统图书馆管理中日常事务繁重，图书馆管理人员很少有时间来为读者提供服务，主要表现为服务范围小、资源利用率低等，长期如此自然会对图书馆的经济效益产生负面影响，不利于其持续稳定发展。图书馆知识管理则更为重视以读者为中心的核心理念，优化读者信息反馈渠道和满足读者需求的路径，整个信息资源的建设也紧紧结合读者的各项需求。图书馆管理人员会面向所有读者收集意见，将读者的知识结构、阅读倾向等信息进行有效整合，从而分层次来进行资源分配。这样一来，图书馆的服务面会显著扩大，图书馆信息和知识的服务质量大大提升。

（2）强化知识服务

图书馆知识管理与图书馆管理的最重要区别就是管理对象和管理理念的差异。从管理对象来看，图书馆知识管理更为重视资源的分类汇总，在信息化技术不断发展的今天，社会对图书馆的知识性要求明显提高，图书馆的功能也不再局限于收集资源、贮存资源和推广应用资源，更是对收集资源的开发利用，让资源的价值被充分发掘出来。从某种角度来看，图书馆知识管理更倾向于让知识资源综合化、系统化和深入化，从而产生新的服务于读者的知识，这是对基本知识的一种升华。除此之外，充分利用网上信息资源，借助信息化技术，能够拓宽图书馆知识和信息服务的宽度和广度，从而全面提升图书馆管理质量。

4. 管理内容的创新

（1）知识创新管理

知识创新管理主要包括图书馆学理论的创新研究，以"知识"作为主要服务对象，颠覆了传统图书馆管理办法的理念。在图书馆知识管理中，提出了知识流的概念，并依据知识流进行业务创新和重组。

（2）知识应用管理

图书馆需要为企业、社会团队、科研机构等提供虚拟图书馆和信息中心，为所有读者提供个性化、深层次的服务，构建出复合图书馆。

（3）知识传播管理

知识传播管理是指知识寻求者和知识源之间的准确匹配的传送。

（4）人力资本管理

图书馆知识管理中人是核心组成部分，因此图书馆知识管理极为重视人才培养。

（5）知识产权管理

图书馆要研究网络环境下知识产权保护遇到的新问题，提出解决问题的策略和办法。

图书馆知识管理理念与图书馆管理实践的结合能够在很大程度上提升管理质量，具有极为重要的应用价值。当代图书馆人工作时一定要认识到这一点，主动学习知识管理知识，纠正对知识管理的错误认识，从而为读者提供及时、准确、增值的知识信息，实现知识价值的充分利用，让图书馆信息服务的作用得到有效发挥。

二、信息时代高校图书馆管理创新的服务模式

（一）建立以馆员为本的图书馆管理

1. 重视人力资本在图书馆工作中的作用

对图书馆来说，优秀的管理者将成为当代图书馆最重要的资源和首要财富。因为馆员是知识的载体，是图书馆信息库的建造者和维护者，是信息资源与读者用户之间的桥梁与纽带，是高知识含量信息产品的设计者、生产者与操作者，而具有创新精神的馆员又恰恰是图书馆内在发展的动力。

2. 重视培养馆员一专多能，实行图书馆员轮岗制度

图书馆的文献信息收集、分类、阅览咨询等项工作互相之间都有紧密的联系，适当地实行轮岗制，有利于馆员了解图书馆工作全貌，树立全局意识。大学的图书馆流通部门的馆员每天通过在书库内的工作，认真地了解读者的借阅需求，统计各类图书的借阅量，定期制作报表，提供给采购等部门作为调整购书策略的依据。

3. 建立馆员与读者的信息通道

读者和管理员应该是平等的，读者可以随时向图书馆员提出建议和请求，对读者来说这比站在馆员的办公桌前拘谨地陈述要人性得多，这种方式无形中拉近了馆员与读者的距离，读者服务工作也更好开展。这种亲切自然的交流环境设计体现了图书馆以人为本、创造和谐的理念。

（二）建立创新的管理内容

1. 管理制度创新

图书馆的管理制度创新包括管理体制创新、管理方法创新和管理目标创新。在管理体制方面，我国图书馆一直是以行政隶属关系为基础，按照图书馆的领导系统组合的多元管理体制，形成了条块分割、各自为政及重复建设、重复劳动的资源浪费现状。创新管理可使图书馆管理体制趋于多元化，如一馆两业，一馆多制，合作办馆，联合办馆，私人办馆，资源共建、共知、共享等。

2. 管理机制创新

内部管理机制包括理顺内部关系、转换运行机制、调整结构、优化队伍、改善条件、提高待遇、调动积极性和增强内在活力等方面。要建立有效的内部管理机制，就必须充分发挥"以人为本"管理的作用，使被管理者始终充满生机和活力。

3. 图书馆知识创新

知识创新的关键在于有一支高素质、知识结构合理的人才队伍。大学图书馆更应根据本校学科专业特点，合理引进人才，为本校教学科研服务。对于已有馆员，大学图书馆的管理者应根据馆员的个人特点和工作需要，有计划、有目的、有针对性地对馆员进行全面知识培训，培养具备特定岗位技能的馆员。

（三）增强现代化的高校图书馆的服务理念

1. 增强创新意识

创新是一切事物发展的动力，是适应时代发展和社会进步的需要。对高校图书馆的服务和管理人员来说，需要不断学习、紧跟社会和科技发展新潮流，掌握全球最新的专业理论、最新的专业技术，结合本馆与本国、本专业发展的特点，开拓新局面。

2. 不断增强服务意识

新形势下的图书馆服务业要贴近读者，做到"读者第一，服务至上"，开展多种服务方式，如馆内服务、网上服务、定向服务、专题服务、咨询服务等，全心全意为广大师生读者服好务，强化服务的效果，强调图书馆信息服务专业的文化含量和知识含量。

3. 建立开放式的图书馆

现在我国许多高校图书馆还保留样本书库，由于样本书库不对外开放，样本书库的书也成为"死书"。同时，大多数高校图书馆制定了严厉的赔偿制度，损坏、污染、丢失图书，予以最高3倍到10倍的价格赔偿。因为图书馆的经费有限，管理者认为图书馆花了这么多钱来丰富馆藏，必须保管好以减少损失。在这种观念的驱使下，大多数图书馆没有走出封闭的圈子，还是执行"以书为本"，而非"以人为本"。其次，在我国高校图书馆开放的对象是本校的师生，对校外则处于封闭状态，导致大量资源闲置浪费。

（四）优化配置人力资源

高校图书馆在传统管理模式下，人才队伍老化，人才组合不够合理。这需要高校图书馆在引进人才方面多引进些图书专业以外的各种人才，如计算机、外语、历史等各种学科人才，进行图书专业培训之后，通过继续教育、岗位培训、交换馆员、派出进修、做访问学者等途径，逐步改变目前高校图书馆人才单一、匮乏的局面。逐步完善高校图书馆人才结构，以此提高整个高校图书馆人员的综合素质，并从尊重人的个性化特征出发，了解人的所能所长，结合培训结果，大胆起用新人，合理配置部门人员，让他们在适合自己兴趣爱好、能够发挥自己所长的岗位上充分发挥潜能，在管理者的协调下互相配合，最终达到高校图书馆工作的新水平。

21 世纪只有依靠知识创新才能促进社会进步。高校图书馆的整体管理和具体工作只有运用知识管理的模式，才能迎接挑战。虽然当前我国高校图书馆知识管理处于尝试性阶段，但是这项工程意义深远，只有管理者从根本上改变传统管理观念，积极实现从传统管理模式向知识管理模式的转变，致力于知识创新和知识服务，才能实现高校图书馆的价值，使其获得可持续发展。

三、高校图书馆创新管理模式的原则与途径

（一）高校图书馆管理创新的原则

1. 遵循管理的一般规律，科学创新

从管理学的角度看，管理存在着普遍的规律和共性。因此，管理应遵循决策、计划、组织、指挥、协调与控制等的规律和程序。其中，决策就是厘清以往怎么做的，存在哪些缺点，在哪些方面不适应现代社会环境、服务方式的需要，采取什么样的措施进行改进，其中包括机制、制度方面的更新；计划即按照新的决策，根据对组织外部环境与内部条件的分析，提出在未来一定时期内要达到的组织目标及实现目标的方案途径；组织实施是达到目标的关键；控制是对实施过程的监督管理及相应的绩效考核等。对高校图书馆的管理而言，其管理创新也要遵循科学管理的规律，并应用科学管理的理论和方法，把握管理创新的要素和资源，在已有的管理经验基础之上进行科学创新。

2. 因"馆"制宜，稳步推进

我国高校图书馆的馆藏文献、资金来源、管理人才等方面存在差异，管理特

点和管理方式也不尽相同。因此，管理创新方面要因"馆"而异、因"馆"制宜。

一是要根据自身管理资源进行创新，选择适合本校图书馆的管理机制、方法和手段，以发挥图书馆的资源优势。二是实施创新不能急功近利，要有序推进，因为管理者和馆员思想上的转变和行为上的适应都需要一个稳定的、渐进的过程。三是新的管理机制的建立是结合技术发展、职责拓展和服务需要而产生的，管理创新要着眼于图书馆的长远发展。

3. 有利于激发全体馆员的积极性，创造更好的管理效益

首先，管理创新要坚持以人为本，亦即管理创新的核心要素是人。因为图书馆的各项工作无论数字化、信息化还是网络化，最终都是由人来完成或者操作的。图书馆管理创新应能有利于激发馆员工作的积极性和能动性，即管理创新首先要能被全体馆员所接受。其次，图书馆管理创新是为了提高图书馆服务的质量和效率，更好地为师生和员工服务，因此管理创新要切实可行，管理制度、管理方法、服务方式等要易于落到实处，并通过一段时间的实践检验可行性。

（二）高校图书馆管理创新的途径

1. 理念的创新是管理创新的基础

理念不仅会影响人们对事物和问题的认识和看法，还会影响甚至主导人们的行为。人的理念受社会环境影响比较大，一旦形成往往很难改变。然而，时代在进步，社会环境在不断的变化，所以管理理念也要扬弃因循守旧的思想，勇于冲破旧的传统，与时俱进不断转变、更新。

2. 体制的创新是管理创新的保证

管理体制是决策的形成和传递的形式，是指管理系统的结构和组成方式，即采用怎样的组织形式及如何将这些组织形式结合成为一个合理的有机系统，并以怎样的手段、方法来实现管理的任务和目的。高校图书馆的管理体制是规定高校图书馆、各部门等在图书馆发展方面的管理范围、权限职责、利益及其相互关系的准则。它的核心是管理机构的设置、各管理机构职权的分配及各机构间的相互协调。它的强弱直接影响到高校图书馆管理的效率和效能。鉴于以往的管理体制存在相应的弊端和与时代发展脱节的现象，高校图书馆管理体制的创新成为整个管理创新的关键环节。高校图书馆体制创新包括外部体制创新和内部体制创新：

外部体制创新就是根据发展需要，重新厘定高校图书馆在整个高校中的地位和作用；内部体制创新就是理顺高校图书馆内部的部门设置、权限职责和分工协作关系。

3. 制度的创新是管理创新的保障

管理制度是组织制度和管理制度的总称。组织制度是组织形式的制度安排，它规定着企业内部的分工协作、权责分配关系；管理制度是对管理思想、管理组织、管理人才、管理方法等的安排。没有完善的管理制度，任何先进的方法和手段都不能充分发挥作用。为了适应环境变化的需要，保障高校图书馆管理体系的有效运转，必须在管理制度方面有所创新。这就需要建立起符合发展需要的，且有利于形成一个合理的、整体的系统和激励约束机制的一整套行之有效的管理制度，并将其作为图书馆工作的准则。现代管理制度的主要管理对象是人、财、物、信息，后三者都需要人去管理和操作。因此人是行为的主体，人的管理工作是管理的核心。制度的设计应以人为本，以发挥人的主观能动性、激发人的积极性为出发点。明确官员的岗位职责，加强人员的考核和监督，建立健全的工作制度，同时还要根据馆员的实际状况，建立馆员培训制度和合理公正的分配制度，坚持"效率优先、兼顾公平"的原则，按岗定酬，优劳优得。

4. 结构的创新是管理创新的根本

管理结构包括与法律结构相关的治理结构和与管理模式相关的组织结构。组织结构是指对于工作任务如何进行分工、分组和协调合作，表明组织各部分排列顺序、空间位置、聚散状态、联系方式及各要素之间相互关系的一种模式，是整个管理系统的"框架"。高校图书馆管理结构的创新就是通过对治理结构和组织结构进行相应的变革与创新，从而建立一套符合发展需要的、高效运行的组织管理体系以改进和加强对图书馆的管理。服务是图书馆的关键职责，因此，图书馆管理结构的创新应遵循精简、精干、高效，突出提升服务水平的原则，而其业务服务机构的设置应按照管理的自动化、数字化、信息化及网络化服务流程进行。合理设置岗位，明确岗位职责及任职条件，竞争上岗、择优聘用，做到精干、高效、良好的服务。

5. 方法的创新是管理创新的手段

管理方法是指在管理活动中为实现管理目标、保证管理活动顺利进行所采取的具体方案和措施，包括管理手段、方式、途径和程序。任何管理都应选择、运用相应的管理方法。高校图书馆管理方法的创新关键在于赋予这种方法新的形式和内涵。核心是如何创造性地发挥人的知识及其应用能力,最大限度地挖掘人的潜力。高校图书馆的管理方法有任务管理、人本管理、目标管理等多种方法,各种方法都有其优势。其中,任务管理是通过时间动作研究确定标准作业任务,并将任务落实到馆员,馆员都有明确的责任。人本管理是以人为中心的管理方法,即由对"事"的管理转变到对"人"的管理,通过分析影响人的行为的各种心理因素,采用一定的措施提高人的积极性,发挥人的主动性和创造性,从而释放出最大的管理潜能,达到提高组织效率的目的;目标管理是组织确定了目标后,对其进行有效分解,转变成各部门及个人的分目标,管理者根据分目标的完成情况对下级进行考核、评价和奖惩的过程。高校图书馆要根据自身实际,因"馆"制宜,科学运用管理学原理,在科学调研的基础上制定符合本馆特点的切实可行的管理方法。

高校图书馆管理创新是一个系统工程,还应包括管理手段、服务方式、监督评价、绩效考核等诸多方面,并且受许多条件制约,因此,高校要鼓励创新,高校图书馆的管理者要敢于创新,保持一个健全的创新环境,保障管理创新有效、健康开展。最终通过管理创新建立一套新的管理运行机制,推动高校图书馆事业的全面发展。

第二节　高校图书馆管理工作创新

一、图书馆空间功能布局

(一) 图书馆内部空间设计的内涵

图书馆内部空间设计是图书馆设计的重要一项,它既具有室内设计的一般属性,也具有其作为公众阅读空间的独特性。

1. 室内设计的内涵

室内设计是指人们根据建筑空间的使用性质,运用色彩、材质、灯光等技术手段,创造出功能合理、舒适优美的室内环境。这一空间环境既具有使用价值,满足功能要求,同时也反映了历史文化、建筑风格、环境气氛等精神因素。

2. 图书馆内部空间设计的基础

读者是图书馆生存价值的体现，所以图书馆内部空间设计就是要如何更好地满足读者的需求。而要做到优良的设计，必要的基础就是对读者阅读行为和图书馆业务流程有足够的了解，并能将这些研究成果运用到图书馆的空间设计当中。

（二）"以读者为中心"的图书馆内部空间设计

依照设计的步骤，室内设计可分为空间规划、空间环境设计、家具的选择与陈设三大部分。

1. 开放、流畅的空间格局

空间规划是室内设计的第一步，"是指依据室内空间的功能需求对空间进行的划分、分区和组合"。在做空间规划时，要充分考虑到图书馆的受众和服务，然后设计出一个能兼顾不同年龄读者群、不同资源类型和不同活动的区域划分方案，而每个区域的规模和位置，则要依据图书馆的具体情况而定。

2. 空间性格的创造

"空间性格是空间环境在人的生理和心理上反应的人格化。"不同的空间元素排序，形成不同的空间环境；不同的空间环境，造就出不同的空间性格。构建与图书、读者性格相协调的空间环境，既有助于提升读者阅读的心理舒适度，也有助于增强图书馆对受众的吸引力。

3. "以学生为中心"的图书馆内部空间设计

空间环境对学生智力的开发与人格的完善起着重要的作用。阅读空间的设计是否能符合青年学生的行为及心理特点，能否达到培养青年学生的兴趣和爱好的作用，怎么从青年的角度出发正确引导他们，这些才是高校图书馆空间设计的重点。近几年的高校阅读空间设计中能看到宽敞的活动空间、良好的绿化环境、协调柔和的灯光和无障碍设施，丰富的色彩，大开间、灵活的隔断设计，藏、借、阅一体化，但是其设计表达的形式和布局上还是存在不足的。

从空间的规划到子空间性格的构造，从设备、家具的陈列到图书的展示方式等，图书馆空间设计无处不蕴藏着一种读者体验的视角。在信息剧增的时代，对有着信息选择困难的读者来说，"快"与"准"才更能满足需求。让图书走向读者，让读者走向图书，让信息、知识得以传播，对于我们正在迈进的知识时代，这些，也许才是图书馆空间设计中该思考的元问题。

二、图书馆管理系统

（一）图书馆管理系统的分析

1. 图书馆管理系统功能需求

一个最基本的图书馆管理系统要有如下几个重要功能。

一是用户在借书超期的情况下得到来自管理员的提醒。

二是管理员可以方便地进行图书管理、用户管理、管理员管理。图书管理包括图书信息及图书分类的添加、修改、删除。用户管理包括用户信息的添加、删除、修改。管理员管理包括管理员信息的添加、删除、修改等。

三是管理员可以修改自己的密码，修改前须先核实自己的原始密码。

四是实现模糊查询，使用户得到更多的相关记录，并且考虑使用的方便性，一些经常使用的输入无须用户输入。比如进行图书查询时图书分类只需用户做选择就可以。

五是考虑程序执行操作时可能出现的情况，比如：删除图书分类时该分类下存在图书，程序自动跳转该分类图书查看；删除某个用户，如果存在借书记录则不允许删除，跳转到该用户的借书记录，等待管理员确认该用户所借图书已经全部归还之后才允许删除该用户信息。

一个合格的图书馆管理系统应该确保能实现以上几个基本功能。

2. 数据需求

本系统经过可行性分析一共设计规划出四个实体，分别是图书信息实体、读者信息实体、管理员实体、图书借阅信息实体。经过一系列的调查研究、信息流程分析和数据收集，明确了该系统的主要功能是：学生借阅书籍；管理员管理书籍；管理员查询学生信息。

3. 模块设计

一般的图书馆管理系统基本具备五个功能模块，分别是图书信息管理模块、读者信息管理模块、新书入库管理模块、图书借阅模块及系统维护模块。其中各功能模块的具体说明如下。

图书信息管理模块：该模块主要负责管理图书馆的图书信息，如图书编号、图书名称、作者、出版社等信息。

读者信息管理模块：该模块主要负责管理图书馆的读者信息，如读者编号、读者信息、电话号码等信息。

图书借阅管理模块：该模块主要负责图书馆的书籍借阅和归还信息，包括图书借阅、图书归还、图书搜索三个子模块。

图书入库管理模块：该模块主要负责管理图书馆的新书订购信息。

系统维护模块：该模块主要负责图书馆的工作人员信息，包括管理人员更改登入系统密码。

（二）图书馆管理系统设计思路

图书馆管理系统主要针对图书馆传统手工管理工作流程中图书编目、图书检索、图书流通和读者管理这四个主要组成环节进行全面分析，从图书采购到馆后，图书馆管理员将图书详细信息（包括 ISBN 号、正题名、作者、出版社、价格等），编目录入计算机，为减轻管理员传统繁复的手工分配工作，系统自动建立书籍管理的财产号、唯一标识每本图书的识别条码和图书检索目录。对于图书检索，读者可以通过与图书馆联网的其他任何一台计算机登录访问馆藏目录，选择多种方式进行图书检索。

（三）图书馆管理系统的实现

1. 登录模块实现

该系统登入界面由管理员输入用户名账号和密码登入，所登入的数据必须通过数据库里存在的数据验证才能登入。整个操作界面实现了管理员登入和退出两个功能。

2. 读者信息管理模块的实现

本读者信息管理模块包括：添加读者界面，可以通过填写新读者的一系列信息，提交数据到数据库；读者信息管理界面，该界面以读者编号为主键，管理员可以通过读者编号来查询读者的所有信息。通过这两个界面的操作，管理员可以添加、查询、修改与删除读者的信息。

3. 系统维护模块的实现

系统维护模块包含两个子模块，分别具有更改密码功能和添加、删除管理员账号功能。其中更改密码模块用来更改管理员登录系统密码，添加和删除管理员模块用来添加和删除管理员的登入账号。

该系统维护模块的运行界面，包括修改管理员密码，需要先输入管理员的原账号和密码，以确认是管理员身份的操作才能进行修改。管理员账号和密码的添加和删除，需要管理员输入一个全新的账号和填写原先的账号进行添加与删除。

该系统功能的实现主要使图书系统管理更加明确，效率更高，操作更加方便。开发一套完整的图书管理系统，使其实现信息化管理，以达到利用最少的时间和人力获得最大的收益。

（四）图书馆管理系统结构

图书馆管理系统应充分考虑图书馆现代化管理需求，能够根据时间、地点、书籍等对图书馆的管理现状进行统计，主要包括以下五个部分。

1. 门禁系统

在图书馆的总出口处安装门禁设备，作为图书馆出口监控设备，这样，读者在完成正常借阅手续之后，才能将图书带出图书馆。为保证图书安全，使用双重层叠的检测门来监督图书的正常流出与非正常流出（失窃），在两重的检测下防止失窃现象的出现。

2. 卡禁系统

在图书馆的总入口处安装刷卡设备，学生与老师凭借校园一卡通，在该设备上进行"一刷"才能进入图书馆。这样，一方面可以保证图书馆的秩序和安全，另一方面可以自动统计记录学生老师图书馆入馆情况，为定期的调查（如各学院师生入馆人数统计）做好准备。

3. 自助借还机

在图书馆的借还处还应该安装自助借还机。所谓自助借还机，就是代替人工进行借书、还书的机器。读者可以通过该设备自行进行书籍的借出与归还操作。但是对于超过借阅期限的书籍则需要到前台人工扣费后才可归还与借书。除此之外，读者可以利用该设备查询自己的借阅图书情况，将学生卡放于感应器上，那么屏幕上将显示读者姓名、已借阅书籍、可借阅书籍及到期时间等信息。

4. 磁条处理

图书用久之后可能会出现消磁的现象，所以管理人员要对某些图书的磁条进行批量处理。同时，管理人员可对平时入库的新书批量地充磁、消磁或者零星充磁、消磁。

5. 规则管理

管理员对于读者借阅书籍的权限（可借阅书籍数目、可持有天数等）进行约束，若有图书遗失或超期未还的情况发生，图书馆都应该规定处罚的条例，应该详细说明处罚的限度，且包括处罚手段。另外，对于操作此系统的前端工作人员的权限也应该有一定限制。故而这些都应该只能由系统管理员来进行操作和修改。

（五）图书馆管理系统的自动化管理

图书馆自动化管理系统是校园图书馆现代化管理的重要组成部分，它不仅能够为图书馆现代化管理提供帮助，还能作为实时更新的设备不断为图书馆提供更为优化的管理。图书馆自动化管理系统，应该能够紧密配合学校发展，适应图书馆管理和服务的新环境，特别是一体化管理图书馆各种设备和资源。以图腾图书馆集成管理软件 9.0 版本为例，它的管理系统就很好地满足了管理系统构建的原则。

第一，图书馆集成管理软件新系统，其运行更加稳定，且数据容量更大，方便实现馆际互借，资源共享。

第二，网络接口更为开放。它可以满足新技术和新设备的应用要求，如自助借还机、卡禁系统等图书馆新设备。

第三，客户端自行升级，进而自动提供最新功能说明，对于图书馆日益增多的工作终端能够更方便管理。

第四，软件统计速度快捷。该软件在对流通数据的复杂条件统计过程中，能够达到十数秒内完成。

第五，报表设置更灵活。报表的结构、栏目、顺序等可以随意设置，满足用户需求。

第六，最新辅助编目数据库系统。它可以提供更高效的编目数据下载手段，众所周知，随着图书采购量的增加，提高编目效率尤为重要。系统采用全新技术手段，所提供的数据下载成功率可达近乎百分之百。

第七，资料、图书页打印所见即所得，继而实现书标和统计表等打印要求。

（六）图书馆管理系统的维护

图书馆现代化管理系统包括物质因素和思想观念，所以在系统运行的同时需要投入人力去进行维护。因此，为做好高校图书馆现代化管理系统的实施，应做到重视经验的学习与现代化管理人才培养。总结经验，购买图书馆现代化管理系统，不仅是购买系统本身，还将学习到大量的、成熟的图书馆管理经验和图书馆管理模式。所以应该通过引进、实施图书馆现代化管理模式的过程，对自身的管理思路和业务操作进行规范。此外，图书馆在考察图书馆现代化管理系统时，需要邀请厂商对系统进行实际操作，看其是否能够达到要求。在引进图书馆现代化管理系统以后，管理人员需要及时邀请厂商为图书馆全体员工面对面地进行讲解，每位管理人员需要在演示期间充分消化演示人员讲解的内容，将疑问消除。

（七）图书馆管理系统特点

1. 丰富的报表

图书馆管理系统提供丰富的报表（共有几十种报表），不仅可以打印出来，还可以导出到各种格式文件中，可以直接发布到校园网络上或提供给其他部门使用。可以说目前图书馆所需要的各种报表，系统都能提供。特别是根据学校用户要求开发的一些功能很受学校图书馆用户的欢迎，如毕业班催还清单报表、图书借阅或读者排行榜、按工具书与教参等介质类型进行分类统计的报表、按藏书地点进行分类统计等一些非常实用的个性化报表。还可以将报表导出到指定格式的文件中，以便进行数据交换或直接连接到校园网上。

2. 图书远程编目

图书馆管理系统提供 Z39.50 的客户端，并与编目系统完整地结合，不仅实现本地书目总库的查重，本地共享编目库的套录，也实现与 Internet 上其他编目中心数据库的连接，达到免费套录异地数据库中的编目数据，既大大提高了图书编目速度，又节约了成本。

3. 系统方便实用

图书馆管理系统是专为高等院校图书馆特殊群体量身设计的，系统界面友好，操作非常方便，只要培训半天，用户即能流畅自如地操作。实践证明，不管学校图书馆是否有专业的管理人员，都能够管理出一家专业的图书馆。图书编目建库是图书馆中一个最重要也是最花时间的工作，系统在考虑到编目数据的共享、远程数据套录的同时，在编目的操作中也要考虑得非常细致。

4. 打印图书标签方便

图书标签的打印和粘贴是一件非常麻烦和费事的工作，图书馆管理系统的标签打印非常方便，不仅提供标签的批量打印、标签补打，并且提供按各种条件、顺序来选择打印，根据自身的标签规格来自定义打印方式。方便的打印标签方式为贴图书标签提供了便捷。

5. 图书入库方便快捷

图书馆管理系统的图书入库非常方便快捷，在录入图书条形码时不指定其地点，加快图书编目的录入速度，在真正入库处才指定图书的入库地点，这也避免了图书入库错误，导致图书所在库并不是先前指定的库，引起图书书库的混乱。系统提供了批量入库和单本图书的入库，可以快速地将每本图书入到指定的书库中。而清楚的图书入库清单报表，也提供给管理员一个清楚的依据。

6. 图书借还非常方便

图书馆管理系统的图书借还非常方便，借书、还书、续借、罚款等都在一个界面中，图书的借还根本不用考虑什么，只要使用条形码阅读器扫描图书条形码或借书证条形码即可，系统将自动进行"借"与"还"，不需要用户选择。对逾期还书的处理一般图书软件只提供罚款的处理方式。

7. 借书证信息管理灵活方便

读者借书证的管理中，图书馆管理系统对读者管理非常灵活，按入学年度分成不同的读者类型，这在读者批量注销（如毕业）时操作将非常方便快速。读者信息中也可以加入读者的相片，在借还图书时可以方便地检查借书的读者是不是其本人，防止借书证丢失后的损失。

8. 数据完整、一致性好

图书馆管理系统软件均采用 MsSq1 数据库，并在数据库表级对数据的完整性和一致性进行约束，保证数据库中数据的正确性和安全性。方便的数据库备份，可防止运行环境的突然崩溃（如硬盘损坏、系统遭病毒破坏），不至于影响数据库中的数据。

三、质量管理体系

（一）图书馆质量管理的必要性

1. 有利于图书馆的可持续发展

在高校图书馆全面实施质量管理，不仅是因为质量管理理论的基本指导思想和管理特点符合图书馆的实际，同时也是形势发展对图书馆发展提出的客观要求。在高校图书馆全面实施质量管理是图书馆管理上的一次重大改革，它将从管理思想到管理作风、从管理内容到管理方法及整个管理组织等方面使图书馆的管理发生深刻的变化，使图书馆事业朝着更加科学、合理、高效的方向发展。相对于我国现行的图书馆管理、考核、评估制度而言，全面质量管理侧重于图书馆的可持续发展。

2. 可提高图书馆的服务质量

高校图书馆是一个以广大师生为服务对象的机构，而全面质量管理是以提高图书馆服务质量为基点、以提高效益为目的。长期以来，图书馆的服务质量缺乏规范、统一的标准，服务质量的评价机制也不是很全面和完善，对出现的问题往往只能在事后进行检查和处理，工作处于被动的状态。而图书馆的全面质量管理将使服务质量检查评价、监督、考核体系由被动、随意型向规范、标准型转变，从而保证图书馆较高水平和稳定的服务质量，满足读者的需求。

（二）图书馆质量管理的内容

1. 文献资源采购的质量管理

文献信息资源是大学图书馆开展信息服务的核心，其采购的数量和质量将直接影响到高校图书馆的服务质量、效果和效率。为提高文献资源的采购质量，在预订各种载体的文献时首先应在广大师生中进行广泛、深入的调研，做好读者需求调查研究，征询读者意见，了解读者阅读倾向，特别是学校相关学科带头人、学术骨干的意见，充分考虑学校学科发展的实际，这样才有利于提高文献资源的利用率。同时，采购人员要熟悉各出版社的性质及出版内容，及时关注最新出版动向，定期跟踪重点出版社的信息，以增强购书的针对性。

2. 图书分编工作的质量管理

目前各高校图书馆已基本建立了网络信息化图书管理系统，图书分类、编目也实现了现代信息化编目。图书馆采用信息化管理后，高质量的分类、编目可以给图书馆工作人员和读者带来很大方便，图书高质量的分类、编目可以极大地提高图书馆工作人员的上架、排序的效率，读者可在书目数据库中用索书号、书名作者、出版社等进行快速检索查询。

3. 书库与文献中心的质量管理

书库与文献中心是直接面向读者服务的，在高校教学和科研中发挥了重要作用。文献服务质量管理是图书馆质量管理的核心，它对服务质量的管理主要体现在以下几方面：一是核心服务，指提供借阅、检索、咨询等文献信息服务，主要以文献信息为媒介满足用户对知识和信息的需求；二是形式服务，指态度、效率等方面为读者提供的服务；三是附加服务，是指为用户提供阅读、休息、饮食、住宿等其他便利条件。形式服务和附加服务应围绕核心服务来开展。计算机技术在图书馆得到广泛的应用，遵循"读者至上，服务第一"的原则，大大提高了文献信息的利用率，充分发挥了文献信息资源的作用，为读者利用图书馆文献提供了极大的方便。

4. 电子阅览中心的质量管理

电子阅览中心通过先进的信息化网络技术，提供全新的服务内容及服务模式。网上数据库文献资源具有信息量大、查阅方便、快速高效等特点，并解决了地域的限制，可对校园网外的读者提供各类服务。电子阅览室人员在充分调研和沟通后，不断完善相关检索系统，优化检索策略，运用最有效和适当的检索方法，为读者提供最准确、最完善的信息。随着信息化网络技术的不断发展，电子阅览室的自动化系统逐渐渗透到全馆的各个角落，对高校图书馆的发展起到巨大的推动作用。

（三）图书馆质量管理的措施

1. 规范工作程序

用标准、统一、可行的制度来规范岗位工作是质量管理的重要方法。规章制度的制定可以明确各岗位的具体工作目标、工作职责、工作流程、工作内容等，列出特殊注意的问题。

2. 明确馆员的职责

质量管理要求图书馆在服务质量方面向读者承诺，以最好的服务质量满足读者的需求。在质量管理中要求实行责任制，针对所有岗位制定相应的岗位职责、工作流程等，并且要求合理、细致、具体、可行，要综合考虑本馆的具体实际、岗位服务对象等因素。

3. 做好读者服务

传统的观念把高校图书馆看作贮存收集文献的仓库，片面地追求馆藏的数量而忽略馆藏质量，重藏轻用。而国外比较先进的高校图书馆85%以上的藏书向读者开放，各类图书基本实现了开架借阅。高校图书馆读者主要是高校师生，高质量的读者服务要求馆员具有强烈的事业心、高度的责任感、平易近人的作风、和蔼可亲的服务态度和熟练的业务技能。

4. 提高员工素质

当前图书馆的管理人员应具备以下三个基本条件：一是计算机基本操作技能和网络技术的应用水平；二是图书馆相关业务知识；三是一定的外语水平。但是目前各高校图书馆管理人员在结构上与此具有较大的差距，为了缩小差距可以通过转变观念、增强馆员的学习意识、引进和培养相关技术人才、加强图书馆职业道德教育、提高员工的政治思想素质来实现。

5. 实行量化考核

在现代质量管理体系中考核是非常重要的一方面，在图书馆质量管理中可引入量化指标考核评估，用适当的方式对所有工作人员的工作进行客观评价，实现科学管理。高校图书馆运用量化指标，可根据实际情况进行制定，确保各个工作环节有据可查、落实到位，避免管理工作中的主观盲目性。

第三节 现代科学技术与图书馆管理创新

一、大数据与图书馆管理创新

（一）大数据时代带给当前图书馆管理工作的优势

1. 大数据能够提高图书馆的管理效率，降低管理成本

由于大数据可以对大量的数据进行快速处理，提高数据的处理能力，它在保存图书资料和处理图书资料方面具有很大的优势。它不仅提高了图书资料管理的效率，而且大大降低了运营成本。

社会各行各业有效信息和知识量的日益增加，导致以纸质材料形式存在的传统图书资料的存储空间和纸质成本较高。因此，在信息数据库中保存大量的知识和内容，既节约时间成本，又降低材料成本。

2. 大数据能够提高图书资料的保存质量

传统纸质图书和材料的抗风险性较差，存在两方面的缺点：一方面，一旦在

图书馆发生洪水和火灾，就很难保存纸质图书和材料；另一方面，在保存很长时间后容易老化和模糊。这些缺点在大数据时代可以完全避免，使用大数据可以节省大量的原材料和空间，只用少量的数据存储空间；使用大数据建立电子图书馆，是发挥效率的主要趋势。

（二）大数据对图书馆管理科学化的影响

随着信息技术及互联网的迅猛发展，大数据已经成为国家和社会发展的重要战略资源。作为重要的社会公共文化服务型机构，图书馆庞大的信息资源是大数据体系的重要组成部分。因此，只有对这些大数据进行科学有效的整合，才能推进图书馆的科学管理。

所谓大数据，也称为海量数据，主要是基于存储数据的大小是否达到 PB 或 EB 级。大数据不是对数据大小的定量描述，而是在大量不同类型的多样化数据中的一种快速的信息提取技术和思维方式。图书馆作为承担着传承文明、培养人才、服务教学和科研的重要使命的机构，其管理水平直接影响着图书馆的未来发展和服务质量。通过对大数据思维和大数据技术的运用，对图书馆丰富的网络信息资源进行整合，使得图书馆管理者获取科学的、精准的、系统化的信息数据，从而掌握用户需求的内在规律，以及图书馆文献信息资源建设的状况。

1. 决策科学化

随着大数据时代的到来，图书馆的文献信息资源越来越丰富，包括纸质文献信息资源、全文文献数据库、多媒体数据库和自建数据库等资源，并且图书馆的采编流通、文献传递、参考咨询等业务工作也将产生大量的数据。同时，图书馆用户群、相关网站、行业数据和相关外部数据来源数据量巨大，呈爆炸式增长，种类繁多，生存环境越来越复杂。如何面对这一困境，提高图书馆的服务质量，关系到图书馆的生存与发展，是图书馆管理决策的科学性问题。

长期以来，传统的经验式管理是图书馆的主要管理模式，但图书馆各类数据收集、存储和挖掘的局限性大，在大数据科学产生之前，与真正的科学决策相差很远。大数据时代，其处理方法很多，普遍的流程可以概括为：大数据采集—导入和预处理—存储—挖掘与分析—分析结果可视化呈现，这些数据的精准处理和有效整合又在云计算的基础上得到加强。这些高级计算机处理技术、海量数据存储及挖掘分析工具的出现，不但体现了科学技术的进步，而且也是图书馆科学化管理决策最有效的工具。通过对图书馆海量数据的挖掘、收集、整理和分析，图书馆决策者可以从海量数据中发现国家政策的方向、研究人员的研究方向、读者需求的趋势、图书馆的方向等问题。评估形势，科学利用人力、物力和财力，从而使决策从传统的经验管理向数据驱动的科学化、精准化、人性化的管理转变。

2. 管理科学化

管理科学化是图书馆在最大限度上发挥馆员的劳动积极性，建立图书馆服务创新保障的长效机制，用科学化、标准化的管理方式代替传统的经验管理，从而大幅度地提升图书馆管理的效率和效益。

大数据在挖掘潜在的人类需求和行为规律方面具有巨大的影响力，其思维方式值得学习和思考。此外，计算机、互联网技术和云计算在图书馆界得到了广泛应用。在大数据时代的图书馆信息服务实践中，如何运用大数据思维来整合和提高图书馆管理，已成为当前亟待解决的问题。

大数据是由一定数量的逻辑组成的。它具有一定的规律性、逻辑性、关联性和透明度等特点。对图书馆来说，这些海量数据是一种工具，也是一种思维。图书馆可以通过大数据思维创新管理模式，扩大信息范围，提供更加优质的服务，创造知识价值。

3. 服务科学化

大数据有效地整合了图书馆、用户及图书馆相关领域的所有数据资源，为图书馆高质量的服务提供了科学依据，从根本上解决了传统图书馆服务的坐等模式，为图书馆开展个性化、主动化、动态化及人性化服务提供了科学依据。

（1）个性化服务

个性化服务是基于读者对信息使用行为习惯及对信息的特定需求，是一种在分析预测用户个体信息需求的基础上，向用户主动提供其可能需要但又无法获取的信息资源的服务方式，也是解决海量信息困惑问题的重要方法之一。图书馆是知识服务的平台，通过收集各类纸质文献、多媒体资源、科研成果、学术报告、访问记录、社交日志等网络资源，并充分利用自身的优势，有组织地通过对各类数据源的定位和链接，实现数据的收集、汇总、加工和传递，同时支持、鼓励用户开放存取各类文献资源，使用户既是信息资源的接受者和使用者，也是信息资源的贡献者和发布者。基于网络信息资源数量大、种类多、变化快、无秩序等特点，图书馆应建立健全的、统一的及规范的数据标准，有效整合各类用户、各种系统的需求，提供各种信息资源的无缝连接，并通过汇集融合各类海量的信息资源，形成中心知识库，以索引的方式为不同层次的用户、不同需求的读者提供个性化、快速、简便及易操作的信息资源查询和获取服务。随着用户对知识需求的转变，图书馆服务正朝着个性化、智慧化方向发展，个性化服务正是未来图书馆服务的发展趋势及核心。

（2）主动化服务

主动化服务以读者满意才是图书馆工作的出发点和归宿。图书馆可针对不同用户的学科知识需求，主动为用户提供所在学科研究领域最前沿、最新颖、最完整的数据查新报告。同时图书馆可开展主动增值服务，把以图书馆为中心的观念向以用户为中心的理念转变，让用户真正成为图书馆的主人。

（3）动态化服务

随着计算机信息化的迅速发展，大数据所含的信息不仅量大且非常重要，而且更新速度也非常之快。图书馆、用户都期待对大数据进行科学的、深层次的挖掘分析，以便从数据中更好地发现新知识。在整合复杂异构的大数据方面，图书馆有得天独厚的优势，不仅能为不同的用户提供方便易用的知识环境，还可从检索的过程到检索的结果、从数据的统计到学科之间的关系、从时间的分布到空间的计量等方面都具有生成各学科、各领域、各属性以不同专业、文献、著者的科学图表和其内在之间的联系。解释知识领域结构，折射知识领域的发展趋势，促进知识信息的获取，通过多渠道、移动化的阅读载体，满足任何用户的任何时间、任何地点、任何方式获取任何内容的信息资源的需求，在动态数据中充分挖掘静态的潜在价值资源，促使用户更好地组织、分析和利用文献信息资源，使图书馆在实时动态的数据中为用户整合出稳定的、全面的、科学的、最前沿的第一手文献信息资源数据，帮助用户创造出更新、更有价值的新知识。

（4）人性化服务

人性化服务是图书馆知识服务的升华，"读者至上，服务第一"是图书馆永恒的主题。近年来数字信息化和网络化的出现，以及用户对文献资源需求的转变，使图书馆面临着到馆读者减少的困境，而如何吸引用户到图书馆是未来图书馆必须考虑的问题。图书馆如何提升服务效益吸引读者，通过分析国外图书馆的人性化服务给我们提供了思路，从信息共享到学习共享，从研究共享到创客空间，图书馆服务无处不在。目前，图书馆对读者的知识服务正朝着人性化方向发展，以人为本，全心全意为用户提供优质服务，从不同读者需求出发，做到资源到馆，服务到人，以人文关怀的方式提升用户的满意度和信任度。由于全球信息化，提高用户获取信息资源能力，保障用户信息资源获取公平，优化用户的人性化服务也是图书馆极为重要的工作职责。

4. 创新科学化

所谓创新就是让图书馆潜在的用户感受到崭新的服务内容。我们追求的图书馆创新服务不是片面的、不计成本的、竭泽而渔式的创新，而是要用科学的思维、科学的数据、科学的方式，全面、协调、可持续地发展创新服务。随着大数据时代的来临，其特性与优势已在各行各业中凸显，而科学的创新服务越来越依赖于对数据管理的利用，也越来越依赖大数据的分析和挖掘。大数据是一个复杂的过程，图书馆要进行创新服务，首先要制订出科学的计划，明确收集数据类型的目的；其次，对原始的数据进行处理、深度挖掘和再处理，形成规范的数据链；再次，图书馆要根据用户的需求对数据进行制定、改进，完善其管理政策、应用计划等；最后，大数据驱动下的图书馆创新服务应体现大数据的收集整理、大数据的分析挖掘、大数据的管理应用。大数据时代最重要的不是大数据技术，而是大数据的科学思维。因此，科学的思维才是创新服务的动力和源泉，只有通过科学的思维、科学的方法、科学的管理，图书馆才能在大数据时代真正实现科学的创新服务。

（三）大数据时代背景下提高图书馆管理工作效率的有效对策

大数据是当前信息时代的一个重要特征。如何面对大数据给传统图书馆管理带来的挑战和机遇，是当前我国图书馆管理面临的主要任务。为了提高大数据时代背景下的图书馆管理效率，我国提出了以下对策。

1. 大力培养能够运用大数据进行图书馆管理的高端人才

在大数据时代，人才是一切工作的生命线。由于传统的图书馆管理人员缺乏专业知识和专业能力，如果只是管理设备和系统更新，没有足够的人员去使用和管理大数据下的图书馆管理系统，就会导致管理效率低下。

2. 优化图书馆管理人才结构，注入新鲜血液

我国图书馆管理人才结构基本处于"老龄化多、中年人少、年轻人无"的状况。这是因为，长期以来，我国图书馆管理人员处于弱势地位，投入图书馆管理工作的人才相对较少。

在大数据时代，人才需求比任何时期都要高。因此，在大数据时代背景下开展图书馆管理工作的重要前提是优化图书馆管理队伍结构，改变现有结构特点，以"年轻人为主、中年人为辅、老年人参与"为主要的结构特点。

3. 大力加强图书馆管理的安全性

大数据环境下图书馆管理具有很多优点，可以提高工作效率，降低工作成本；但鉴于图书资料的重要性，以及图书馆数据丢失的高风险性，加强图书馆管理的安全性尤为重要。信息化时代，虽然小型存储卡具有方便性的优点，可以保存大量的数据，但是存在数据丢失的风险，如计算机病毒、存储卡损坏。因此，大数据环境下的图书馆管理应重视其保存的安全性。

二、人脸识别技术与图书馆管理创新

（一）人脸识别技术概述

人脸识别技术是指对人的面部生物特征进行采集，通过某种算法，将其与已知的人脸库进行对比，从而确认或辨认其身份甚至更多的关联信息，是生物识别技术的一种，具有友好性、易获取性、非接触性和直接性等突出特点，是近年来识别技术的热点。人脸技术包括人脸检测、人脸追踪、人脸比对三个阶段。人脸检测即确认图像中是否有人脸；人脸追踪即在人脸检测后追踪提取人脸特征；人脸对比即将提取的特征与已经建立的数据库进行对比确认。

（二）人脸识别技术的应用现状

人脸识别在应用领域上已经有了很大的突破，不仅局限于考勤、门禁上的简单应用，还应用到其他领域。例如在医疗领域，张勐、刘哲等人创新性地将人脸识别应用到医院，杜绝乱开药和开错药的现象，并将人脸识别初步应用于内分泌疾病的辅助诊断，通过提取患者脸部的特征数据，分析比对从而确定患者的疾病类型。随着 IT 技术、AI 技术、机器学习的不断发展完善，未来人脸识别技术将会应用到更多的领域中，并且向三维、多技术、远距离、完全自动化等方向发展。

（三）人脸识别技术在图书馆管理中的应用

1. 门禁系统

国内高校采用的门禁管理方式，以门锁、门禁卡和对出入人员（读者或外来人员）进行身份登记方式为主，这种管理方式虽然成本低，技术要求不高，但是大量增加了工作人员的工作量，不够灵活且容易出错，造成许多不必要的经济损失与麻烦，安全性低。由于图书馆的馆藏库对门禁控制系统的安全性要求较高，如涉及权限问题，需求也越来越复杂。因此，人脸技术和门禁系统的结合将有效地解决这一问题。对用户方面，当学生从图书馆大门进入时，启动带有人脸识别的视频摄像机采集定位人脸特征，上传至门禁控制器，门禁控制器将采集的图像与后台数据库进行对比辨识，当匹配到一致的特征时，则大门自动开启；在内部管理方面，系统记录下人像、馆员进入时间等信息与后台的馆内工作人员信息相结合，对工作人员进行人脸识别，从而实现自动考勤，还可以进行实时监管，防止出现刷完卡就离开工作岗位的现象。

高校图书馆是学生主要活动的场所之一，通过人脸识别技术和门禁技术的结合，可以准确地掌握进入图书馆的人员身份，即只有在学校系统注册过的人员才可以通行，保证了读者身份的有效性和数据的准确性。因此，图书馆人员通过人脸识别门禁系统获取的数据进行统计时，能准确获取出入图书馆学生的所在学院、专业、时间、次数和借阅信息等数据，为日后图书馆研究奠定了良好的基础。

2. 借阅系统

在传统图书馆借阅模式中，学生办理校园一卡通后，即可享有利用图书馆资源的权限。传统借阅模式主要流程为：在借阅读书时，需要在磁卡器上放置校园卡确认借阅者身份，同时将所借的图书放置到红外线扫描设备上扫描书本条形码信息，确保图书借阅信息的准确性。如果将人脸识别技术和 RFID 技术结合起来，既保证了阅读器能自动同时读取多本图书信息，又保证了人员信息验证的正确性，即读者可以直接"刷脸"借阅书籍，极大地减少了读者等待的时间，从根本上解决了重复劳动的问题。

校园一卡通是学生进入图书馆和借阅书籍的凭证，只限于本人使用，学生必须保管好借阅证，如果丢失甚至被盗用，会造成不必要的损失。但是人脸识别技术可以有效地避免防范不及时，减少图书馆书籍的丢失率，确保人员信息的准确性。进行文献阅读率的相关研究时，在保证人员信息准确性的基础上，可以围绕借阅人员的专业、年级、性别和频次等信息进行分析，根据学生的文献利用情况，为其提供个性化的定向服务，并为图书馆采购部门提供建议。

3. 座位管理系统

现代图书馆不仅为学生提供文献资料、网络资源等信息，而且也是同学们自习的重要场所之一。虽然图书馆的自习环境相对于普通自习教室更加优越，但资源有限导致图书馆的座位越来越短缺，图书馆提供的座位数量与学生需求之间经常出现不匹配现象。

国内许多高校开始运用微信公众平台提供在线预约座位的服务，并具有现场刷卡确认和取消座位的功能，实时监测模块是保证座位得到充分利用的有力保证，但是还有待提高。国内各大高校使用了适合自身的方法进行图书馆的座位监管，主要方法有以下几种。

（1）基于硬件的监管方法

主要是通过传感器实时监控学生是否在座位上，例如使用单片机和红外接近开关相结合的监控管理系统来减少图书馆乱占座的现象；通过座位下压力数值来分辨使用状态的座位管理系统来防止他人抢座或帮忙占座现象；结合 GIS 与图书馆座位系统有效解决占座不合理现象。虽然这种方法可以完全实现自动化管理，但是硬件初始成本和后续维护成本极高，对技术水平的要求也比较高。

（2）基于软件的监管方法

主要是通过使用根据自身要求构建的图书馆座位管理系统来实现部分自动化管理，但是它仍然需要馆员定时巡查来提高利用率。该方法适应性高，技术成本低，但是管理成本高，增加了馆员的工作量。

（3）基于软硬件结合的管理方法

随着技术的不断发展，两者相结合成为主要趋势，在此基础上还可以不断进行优化。

在国内将人脸结合技术运用在座位管理系统中并不多见，徐海东曾在苏州大学图书馆座位管理系统的基础上，引入人脸识别模块的新型管理系统；辽宁大学图书馆在已有系统的基础上，构建了微环境下通过人脸识别技术优化的入馆选座系统。在自习区域设置人脸识别器，将接收到的人脸与预约信息或后台学生数据库进行比对，匹配成功才可进入自习教室，杜绝了一人通过刷多张校园卡占据多位的现象。同时，将视频监控功能与人脸识别系统结合起来，在监控中对进出人员进行身份识别和座位使用情况识别，可以保证座位的利用率。

三、"互联网+" 与图书馆管理创新

（一）"互联网+" 对传统图书馆管理的深刻变革

1. 管理对象从图书向读者转移

传统的图书馆文献资源大多以纸质文献为基础，其主要管理工作以图书为中心。虽然图书馆也开展讲座、展览、咨询等活动，但并没有从根本上改变图书馆进行图书管理的本质。随着"互联网+"时代的到来，它拓展了读者获取信息的渠道，这是由于其连接的便利性和广泛性。此外，读者阅读的碎片化时间也给图书馆带来了即时的、满足的要求。如果图书馆不能跟上时代的步伐，必然会远离读者，从而失去为读者服务的价值。

2. 管理理念由重藏轻用向重用轻藏转变

文献资源匮乏、获取渠道有限及购置成本高是过去传统图书馆普遍存在的现象。这导致传统图书馆普遍的管理理念认为，图书馆的主要功能就是收藏，重藏轻用，重管轻用。在"互联网+"这个大背景下，读者可以通过移动互联网，在任意的时间和地点随意获取所需的文献信息。倘若图书馆亟须坚持保守的传统管理理念，一味地重藏轻用，不根据读者的需要做出适当的改变，就会面临被读者抛弃的危机。

3. 管理态势由静态向动态转变

传统图书馆的管理是一种静态的管理方式，即以图书借阅为主的服务方式和"以书为本"的管理理念进行图书管理的。在"互联网+"背景下，图书馆的边界逐渐变得模糊，因为图书馆相对独立且封闭的环境被打破，这要求图书馆除了要对其内部系统进行静态管理之外，更要注重对其外部环境的动态管理，包括对读者各种信息的管理、对各种网络文献资源的管理、对图书馆特色数据库的管理、对读者交互平台的管理及对图书馆合作项目的管理等。

4. 管理层面由单一性向多元化转变

传统图书馆由于受到服务手段和馆藏资源单一性的影响，其管理也仅仅局限于对图书及馆员等的管理。在"互联网+"背景下，由于图书馆管理涉及信息资源方面和业务的扩大，逐渐由单一向多元化转变。在文献资源管理中，除了纸质图书资源外，还增加了电子信息等资源；在对图书馆馆员管理中，不仅是对工作效率和学科的评价，更是对提高馆员的知识、能力、专业素质和技术的重点更加关注；在财物管理中，不仅要管理图书，如防止盗窃、霉菌、昆虫等，还要维护设备和更新技术。

5. 管理架构由金字塔层级向扁平化转变

传统的图书馆管理呈现出金字塔模式：馆长、副馆长—办公室、信息部—编辑部、流通部、阅览部—馆员等逐级管理。这种分层模式速度慢、效率低，远远不能适应"互联网+"背景下图书馆以读者为中心的管理理念，也不能适应满足读者及时获取需求的服务模式。因此，在管理中必须减少层次和中间环节，从而实现读者与图书馆的"零距离"接触的扁平化管理模式。

(二)"互联网+"背景下图书馆管理的创新路径

1. 创新管理理念——R2L 的管理

R2L 是读者驱动图书馆的理念。这种管理模式意味着读者可以随时随地以任何方式满足自己的阅读需求。"互联网+图书馆"颠覆的不是图书馆本身，而是图书馆服务中低效的过程和环节，从而实现提高效率的目的。从某种意义上说，R2L 管理是图书馆核心要素的重新分配，即读者与图书馆关系的重构。

树立以读者需求为中心的管理理念，以读者需求为导向，推动图书馆资源的优化配置，就必须加强图书馆应用智能技术、网络技术和软件应用技术的综合能力，从而使图书馆面对读者需求时，表现出反应最快、过程最简单、距离最短的特征。可见，"互联网+"背景下的图书馆管理必须以 R2L 的管理理念为指导，才能真正实现图书馆的网络化。

2. 创新管理方法——物联式的管理

所谓物联网（IOT）技术是指利用各种信息传感装置，如射频识别装置（RFID）、红外传感器和激光扫描技术形成的互联网连接网络系统，从而实现人与物和物与物之间的连接沟通。虽然在"互联网+图书馆"的时代下，纸质图书资源在图书馆中的主导地位已经弱化，但它仍然是图书馆生存和发展的重要物质基础。因此，基于物联网的技术、智能、感性等特点，物联式管理成为图书馆纸质图书资源管理方法创新的必然选择。

（1）物联网技术与典藏管理

现代图书馆普遍采用借阅存储一体化的服务管理模式，导致图书、期刊的混乱和错位较严重，使得图书的整架和清点变得困难。物联网 RFID 技术的应用，只需要图书馆馆员手持 RFID 阅读器扫描书架，就能够读取带有电子标签的书籍的所有数据；同时，馆员只须在 RFID 阅读器中输入需要检查的书刊信息和号码，沿着书架一次扫描，那些乱放、错放的书刊就能通过声光报警及时被发现；还能对贴有 EPC（产品电子码）的图书进行信息交换和识别，将其结果传回数据库中，并建立相应的分配清单。馆员可以快速便捷地完成图书的清点和整理工作，大大提高了馆员的工作效率。

（2）物联网技术与图书流通

物联网 RFID 技术具有储存数量大、读取距离远和储存信息更改方便等优点。通过 RFID 技术，可以对相关图书文献的信息、借阅书籍、馆藏数目书籍及图书当前的位置进行十分精确的寻找和定位。同时，读者还可以通过物联网下的自助借阅系统，自助办理借阅和归还等操作，这不但节省了图书馆的人力资源，也节约了读者的时间，从而使借还效率得到大大提高。

（3）物联网技术与安全管理

图书馆安全管理主要包括图书文献资源、数字信息资源和系统的安全管理。RFID 技术可以精确定位和跟踪贴有 EPC 的每本书，有效地防止图书被盗或销毁。物联网 RFID 技术访问控制管理系统，不仅能够控制图书馆馆员和读者的进出馆，还能够实现读者数据的采集和统计及信息的查询等，有利于图书馆实现自动化管理。

3. 创新管理模式——柔性化管理

（1）柔性管理的一般概述

相对于刚性管理而言，柔性管理是以人为中心，是对组织成员进行人性化管理的一种模式，其关注的重点是内在重于外在，激励重于控制，心理重于物理。要充分发挥管理人员的积极性和创造性，从而提高管理的质量和管理效率是柔性管理的重要特征。相较于刚性管理，柔性管理在管理决策、组织机构及激励机制上，都有很大优势，具体体现在如下几点。①在组织结构上，高度集权式的管理组织结构是传统刚性管理所采取的方式，它注重职能部门的分工及决策执行的统一性。灵活性差、反馈速度慢，难以适应信息环境下企业快速发展的需要是传统刚性管理的最大弊端。柔性管理则强调组织结构的扁平化，对信息传递中不必要的环节进行削减，基层职能部门掌握决策权力，赋予基层管理人员更大的管理自主权，适应性也更强。②在管理决策上，领导层做决策，下级职能部门负责执行是传统刚性管理的主要特征，管理决策推行也是自上而下的强制执行，高层主观色彩在决策中有明显体现。而柔性管理决策是在充分尊重和信任组织成员的基础上，广泛征求基层管理人员和职能部门的意见，通过民主讨论形成决策，使决策有更加广泛的执行力。③在激励机制上，控制是传统刚性管理的主要方法，没有激励机制。激励机制是对组织成员的关心和奖励，也是对组织成员的尊重和信任。在激励方式上，更加注重非物质的激励方法，从而满足组织成员对实现自我的高层次需求。这是柔性管理所提倡的激励机制。

（2）柔性管理模式的构建

首先，建立刚柔并济的图书馆管理模式。柔性管理作为一种非强制性的管理模式，其缺点在于强制力不足、约束性较差。尤其是对于那些责任心和进取心不强及工作作风涣散的员工，柔性管理可能会使管理无法起到很好的管理效果。这表明，在"互联网+图书馆"建设中，必须实行刚柔并济的图书馆管理模式。柔性管理，一方面可以为管理者营造一种轻松、平等、相互尊重、相互信任的工作氛围，激发高素质员工的积极性和创造性，使高素质员工能够影响低素质员工；另一方面，强化刚性管理的惩罚性措施，可以消除低素质员工的懒惰和消极心理，从而有意识地适应灵活的管理。在具有柔性和刚性的图书馆管理系统中，柔性管理是主要的，而刚性管理则作为补充。其次，健康的、充满正能量的图书馆文化环境，对转变馆员慵懒、消极的工作作风，帮助馆员克服自卑的职业心理具有很大的作用，也对图书馆馆员的思想和行为有着重要的导向和约束作用。良好的图书馆文化的形成，会使馆员在服务模式、管理模式方面形成共鸣和达成共识，会产生强大的向心力和凝聚力，从而提升管理能力，最终使管理效果得到提高。图书馆文化建设以人的管理为中心，把尊重人、信任人作为中心内容，是馆员实现自我激励的灯塔。因此，图书馆文化建设直接关系到图书馆柔性管理模式的构建，对"互联网+图书馆"目标的实现也有重要影响。

4. 创新管理结构——扁平化管理

（1）扁平化管理的一般原理

扁平化管理是指通过拓展管理的幅度，减少中间管理的层次，使管理信息和管理决策进行更加快速的传递，从而提高管理的效率。它是一种富有弹性的新型管理模式，是区别于传统金字塔层级结构的一种管理模式。

扁平化管理成为现代企业管理模式的主要原因包括三点：第一，传统的金字塔式管理模式过于冗长和缓慢，无法适应"互联网+"时代不断变化的市场环境；第二，互联网新技术的发展和广泛应用，不仅能够使企业方便地实现对大量数据信息的集中、快速处理，而且能够实现决策者和基层管理者之间的信息快速传输；第三，扁平化管理模式能有效地给许多企业带来事半功倍的管理效率。

在"互联网+"背景下，图书馆管理发生了一系列的根本性变化：管理观念从"图书"向"读者"转变；管理对象由"图书"向"知识"转变；管理主体由管理者向服务提供者或指导者转变；图书馆的竞争力由传统的藏书数量转变为对服务环境的快速反应能力和应变能力；网络信息技术从单一的信息处理（数字）功能转变为具有组织信息共享、协作、快速沟通和快速响应的平台；馆员从被动接受到积极参与管理。这种深刻的变革影响着图书馆组织结构，即必须从金字塔式层次结构向分权式扁平化管理结构转变。

（2）图书馆扁平化管理结构建立的路径

一是创新扁平化管理观念。当前，采取传统金字塔式管理模式依然是我国图书馆管理的主要方式。这种管理模式强调以行政权力进行控制，注重管理层级之间的等级关系。由于传统金字塔式的管理模式反应不灵活、决策执行力弱等特点，不但不能充分调动员工工作的积极性和主动性，而且不能满足"互联网+"时代发展的需要。这就要求图书馆的高层决策者及基层管理者，都应该清楚地认识到扁平化的管理模式对于"互联网+图书馆"的重要意义。作为决策层要坚持"以读者为中心"的原则，更多地关注读者的个性化需求，并减少管理层级，进行合理规划，拓展管理幅度。

二是创建扁平化管理队伍。一支专业的扁平化管理队伍是图书馆扁平化管理模式成功运作的必要条件。这就要求图书馆要尊重馆员的个人价值，坚持以人为本的思想，帮助馆员树立良好的职业心理，对馆员的职业素养和职业道德进行培养，从而实现馆员的个人价值与图书馆整体目标的有机结合。同时，根据馆员在业务能力需求上的差异性，为他们制订相应的职业教育规划，力争实现专业技术培训与继续教育培训的常态化，使全体馆员都能平等地获取知识，并提升自身的专业素养，增强馆员的自信心，增加馆员对图书馆的归属感，从而提高馆员的积极性和创造性。

三是确立扁平化管理结构的核心。读者是图书馆管理的核心。对读者需求的敏感度和满足度是"互联网+"时代图书馆的核心竞争优势来源，即图书馆要在为读者提供服务中创造更多的价值。扁平化的管理结构要真正实现以最短的时间、最短的距离响应读者的信息需求，从而实现最优的管理效率，就要努力适应这种变化的需要。

四、高校图书馆新信息技术应用的探析

（一）制订新技术开发应用的发展战略规划

1. 加强新技术应用的统筹规划

高校图书馆战略规划的目标要以资源为基础，以技术为支撑，以服务为目的。因此，高校图书馆在广泛引进国外新技术时不能盲目地引进，要根据本馆的实际情况适当地引进，注意图书馆全局发展的统筹协调。随着图书馆数字化、信息化建设的深入开展，高校应选取自顶向下整体规划的系统设计方法，对所采用的规范、标准、接口进行研制，对项目实施过程进行统筹、协调、共享等。由于新技术应用规划和选择的重要性，只重视引进，缺乏系统地开发应用，就会造成资源浪费，资源配置不合理，这就需要通过调动政府有关主管职能部门、学会及行业协会发挥决策作用，解决一些全局性的发展问题，以避免重复、减少浪费和提高效益。

2. 以资源为基础，合理分配资源

高校图书馆在高校信息资源共建共享的环境下，建设观念早已改变。高校图书馆信息资源的建设应在考虑整体规划的前提下，根据具体情况着重分析自己学校的资源特色，建成具有学校特色、学科特色及当地特色的馆藏数字资源；全方位集中所有优势、准确把握定位，保证信息资源的及时性、系统性和权威性，以便各高校数据信息资源优势互补。高校图书馆只有进行信息资源特色化建设，在某些学科领域形成具有本校特色的高质量信息资源数据库，加强高校与高校之间的数字资源共享，才能在服务于高校科研教育教学的过程中充分发挥较大的作用，如武汉大学图书馆创建的"长江资源数据库"、上海交通大学图书馆创建的"机器人信息资源数据库"、四川大学图书馆文理分馆创建的"巴蜀文化数据库"等，都在实践中发挥着自己独特的作用。

在云环境下，云计算可以把分散在不同区域的硬件设备利用虚拟化方法整合到一起，也可将采用不同操作系统及不同数据库等不同结构的信息资源整合到一起，最大限度地提升了硬件设施的能力，并优化了软件及各种应用；可以把企业内部的网络设施进行整合形成私有云，进一步地优化企业内部的计算资源；还可以把其他充裕的计算信息资源投入公共云中，供其他用户使用。云计算的优点：高校图书馆可以根据本馆的服务定位、发展方向，选购云中合适的资源，以实现馆内各种资源的合理分配；可以利用云计算的分布式计算、效用计算和无障碍传输等技术，实现全世界范围内资源的连通，提高资源的利用效率，实现真正意义上的资源共建共享。

3. 以技术为支撑，加强资源共建共享

高校图书馆的健康快速发展要以新技术为支撑。数字信息资源的共建共享一直都是高校图书馆界高度重视的问题，因此云计算的出现为高校图书馆数据信息

资源的共建共享工作提供了极大的方便。云计算技术的最大优势在于能使异地资源与本地资源实现存取的无缝链接，这使得各高校图书馆不需要考虑信息数据资源的调度、整合、组织等问题，只要把所要共享的数字信息资源进行筛选并放在"云"中由"云"来实现即可。共享"云"中的高校图书馆，如同一个"超大型虚拟的图书馆"，用户可以享受到来自不同图书馆的各种服务及海量的资源，解决了信息孤岛问题。加入"云"中的高校图书馆解决了实现共建共享时框架结构的差异问题，用比较少的成本实现了各个高校图书馆馆际间的信息资源共享，极大地减少了高校图书馆教学与科研质量的差距，同时促进了各高校之间教学科研的交流。

云计算技术能够降低数字图书馆系统的管理难度及维护成本，让高校图书馆迅速建立和完善自己的数字图书馆平台，并通过软件租用和硬件设备租用等方式，降低硬件设备、软件及技术的限制，促使图书馆有时间和精力做好本身的业务和服务工作，开拓创新出新的服务方式，更好地为广大师生服务。

云平台下图书馆能将信息资源很好地整合起来，解决了信息资源共建共享的技术难题，极大地扩大了数字信息资源共享共建的范围，提高了高校图书馆整体服务水平；云计算实现的整合可以形成整个国家及各个学科不同层次、不同范围的协作和共享，使得信息资源共享共建的范围和形式变得丰富多彩、灵活多样。

云平台下提供的信息资源都是从共享云的用户中收集来的，CALLS 中心采用混合云的创建模式将"公共云"与"本地云"结合起来，既实现了数据信息资源的共享，同时也保证了各高校图书馆信息数据资源的相对独立性。高校图书馆在云计算平台的巨量存储和稳定的系统保证下，可以把有限的资金用于信息数据资源共享共建，缩减硬件平台和存储备份的投入资金。

4. 以服务为目的，创新服务方式

新技术的应用扩展了服务方式：一方面既要满足最广泛用户的基本信息需求，另一方面更要深度开发用户潜在需求，为用户提供个性化、专业化、精品化的服务。云计算的实现为高校图书馆的个性化服务、知识服务提供了技术保障，其价值在高校图书馆读者服务功能的创新方面发挥了巨大的作用。

云计算技术可以给图书馆带来更低的费用、更强的计算能力和以人为本的服务，为图书馆实现自动化、智能化、虚拟化的服务方式及个性化知识服务提供有力的工具和环境，使图书馆的服务模式和服务内容受到极大的改变；云计算服务平台可以对资源进行深度挖掘和整理，分析出读者信息需求的特点和信息的偏好，最大限度上满足了读者对信息资源的需求；云计算则可以为用户提供无所不有、无所不在的云服务，云服务使用户像用水用电一样随时可取、随时可用，而且按需付费。

新技术的引进创新出多种服务方式。新技术的影响体现在如下几点：信息获取渠道的改变促使服务渠道调整，信息用户群体的扩大促使服务方式多样，信息获取方式的改变促使服务模式创新。例如：除搜索引擎和网络新闻外，博客、微博、社交网络、即时通信、网络视频等在手机上的应用，都成了用户获取信息新的方式；手机图书馆为用户提供不限时空的移动阅读、查阅及咨询等服务；图书馆服务通过电视图书馆走进了千家万户。但这些新的信息获取方式对数字图书馆传统的信息组织、检索和服务模式提出了极大的挑战。

（二）促进技术标准统一，提高数字资源利用率

每个高校图书馆都应针对自身的目标和整体规划选择适用的新技术及规范的技术标准。比如，云计算技术在高校图书馆的应用，是在云计算资源服务平台的统一调度管理下，实现各个高校图书馆服务共享和信息资源共享，构建一个大规模的"云"服务器。云计算技术可以将各种异构、异地资源与本地资源实现存取的无缝链接，促进各信息技术标准的统一，并通过整合各个独立数字图书馆的服务器，极大地提高数字图书馆的资源利用率和信息资源聚合度，使数字图书馆覆盖范围变得更广，信息资源的成本更低，并且图书馆馆员只需要对数字信息资源进行统一规划和管理。国家图书馆馆长周和平表示，未来数字图书馆建设应当借助云计算技术，创建无所不在的数字图书馆之"云"。要想在云计算应用的行业中创建统一的信息资源组织和保存及服务标准，其关键是要有国家牵头组织，统筹协调。因为云计算技术应用在数字图书馆建设中的技术条件已经基本成熟，所以关键就是相关标准的制定问题。

再如 RFID 标准，RFID 的标准主要分空中接口标准、数据结构标准和应用标准等方面。在购买标签及相应设备时主要考虑的是空中接口标准。如深圳图书馆选择的 RFID 标签为 13.56 MHz（HF 频段）无源标签，空中接口标准为 ISO 15693。RFID 技术的应用不是一个单纯的技术与设备问题，需要相应地调整应用系统，否则难以发挥 RFID 技术的优势。由于新技术大多数是引进，所有引进设备既要实现功能，又要符合图书馆的实际要求，与图书馆的管理模式、服务模式协调一致。虽然全球已有 10 多个国家拥有自己相关的图书馆 RFID 应用标准，但彼此之间不完全兼容，存在差距。而同一个国家，各个生产厂家的 RFID 产品相

关标准也不一致，严重影响 RFID 应用馆之间资源的共享和 RFID 产品设备之间的互通，对其在图书馆的应用造成了阻碍，导致要实现资源共建共享及信息资源的通借通还是不可能实现的。因此，RFID 提供商与高校图书馆应一起呼唤有关政府职能部门对 RFID 的数据格式进行统一，尽快出台制定统一的通信频率、行业标准及原产品数据配置标准等。

此外，数据存储格式标准不同、移动终端的操作系统各异、数据库平台不统一等问题也会导致完全实现手持移动设备与数字图书馆的无缝对接存在较大的技术难度。但随着三网融合、5G 等移动通信技术的发展和移动终端设备的不断推陈出新，移动设备与数字图书馆对接的能力越来越强，图书馆和技术厂商也为解决两者之间对接的技术难题进行了一些探索和实践。如书生公司的"移动图书馆解决方案"通过 UOML 文档交换服务器，不仅解决了不同数据存储格式不能通读和不同数据库平台无法统一访问的问题，而且也解决了不同手持设备如何实现统一搜索的问题。北京方正阿帕比技术有限公司建设的数字阅读平台，使读者不仅可以通过传统 PC 机访问数字资源，还可通过手持阅读器、手机、平板电脑等方式实现与平台相连并阅读相关数字资源，真正实现多渠道、多方式的移动阅读功能。超星公司的"超星移动图书馆"使移动终端能直接获取图书馆文献数据库全文资源，将各种数据库界面整合为一套适合手机应用的统一操作界面；将云服务架构共享体系嵌入移动图书馆平台中，使用户不但可以查找本馆藏书和电子资源，还可以利用图书馆强大的云服务能力获取馆外数百家图书馆的资源传递服务。

因此，促进新技术标准统一、各种系统数据格式的统一及行业标准的统一，才能更好地提高数字资源的利用率，扩大数字图书馆覆盖范围，实现数字资源的共享。

（三）合理配置资源，实现新技术的增值

1. 多平台资源整合

云计算的基础是"整合"，经过整合信息资源，才能屏蔽信息的多样性和实现各管理系统的兼容，从而真正实现全世界信息的联合与共享，提高信息资源共享的效率。所谓数据信息资源整合，是指按照一定的需求，应用多种技术把来源不同和采用不同通信协议渠道的数据信息资源完全融合，使得不同类型、不同格式的数据信息资源实现无缝连接。经过整合的信息资源是一种能够实现跨平台、

跨库、跨内容集成检索的信息资源平台。以云数据信息资源库为枢纽，对多种格式资源实现跨平台转换，多库整合，才能实现多平台阅读和使用。

通过整合现有高校图书馆自身资源和外部资源，实现对外统一的订阅、检索、收藏服务平台，与此同时，深度挖掘师生的学习需求，允许广大师生对资源进行二次的聚合分类，将相关资源组合成有效的且针对某一领域的课程。同时也可以上传自己的资源到自己的资源库中，打造一个人人受益、人人建设、人人参与的综合性资源与学习服务平台，为高校的科研、教学、管理提供数字化平台，为学校师生提供更加贴心的信息服务。

通过云计算技术对信息资源的深度整合，可构成一个全球大规模的数据信息资源应用服务。如西安交通大学图书馆在云计算服务应用方面取得了较好的效果。西安交大图书馆把将近二十个的业务采用云计算的 SAN 存储技术和虚拟化技术，整合到云计算服务虚拟资源平台中，引进了资源发现平台及学术资源探索功能，给师生提供了无所不在的云资源信息服务，得到了广大师生的好评。

2. 建立高校图书馆新技术应用联盟

创造高校图书馆新技术应用联盟，可以实现信息资源的优势互补，形成综合优势。联盟策略是指在云计算信息资源服务平台的统一管理下，将各个高校图书馆的服务职能，按照各自图书馆的信息资源优势，形成彼此相互关联的集群效应，从而更好地为广大师生提供信息资源的增值服务。

图书馆的联合体已成为一种生存方式，参与的各个成员馆之间的资源共享，建立新的联合体虚拟目录成为发展趋势，使得每个成员馆都可以充分利用其他成员馆的目录，并能够请求联机实现馆际互借。

不同高校图书馆的资源各有特色，这是由各个高校学术水平不同、学科各有特点、地域分布及学科发展方向不同等引起的，而且传统高校图书馆基本上都是独立办馆，除有少数的学术交流外，技术交流和资源交流几乎为零，更不用说和外界图书馆的交流了。新技术的高速发展，使得高校图书馆与公共图书馆之间、各高校图书馆之间完全可以通过云资源平台、远程登录等功能，加强数据信息资源交流，使其向建设多元化、资源一体化的方向发展，实现采购、编目、建库、存贮、检索及馆际互借的多元联合；同时使得图书馆可以充分利用现存信息资源，扩充高校本馆的馆藏数字资源，尽量避免数字信息资源的重复建设，以利于节省有限的资金。

为了促进各高校之间文献信息资源的优势互补，加强高校图书馆的自身建设，进一步提升高校图书馆的整体服务水平，部分高校图书馆共同创建高校图书馆联盟，争取逐步实现各成员馆之间服务一体化、资源共享一体化与管理一体化。如昌北高校图书馆联盟，该联盟设有管理委员会及管理中心，第一批成员馆包括南京航空大学图书馆、江西农业大学图书馆、江西财经大学图书馆、华东交通大学图书馆等高校图书馆。另外，还有中国高等学校数字图书馆联盟、云南高校图书馆联盟、广州地区高校图书馆联盟、四川省高校图书馆联盟、高校图书馆联盟等。

3. 将复合图书馆作为图书馆的基本形态

复合图书馆是传统图书馆和数字图书馆的有机整合，是一个既提供印刷资源又提供电子资源无缝存取的图书馆，是一个将本地与远程、纸质与数字等各种信息资源融为一体的图书馆，它能使传统图书馆与数字图书馆之间的优势互补，能使信息用户在电子资源和印刷型资源并存的复合环境下搜索到所需信息。

新技术的发展对数字图书馆的理论研究及图书馆的实践应用起到了极大的推动作用。数字图书馆能否完全代替传统图书馆的存在？怎样才能协调好传统图书馆和数字图书馆的关系？怎样才能建成最能满足用户需要的先进的数字图书馆？数字图书馆本身的优势在哪儿？这是每个图书馆人都应该考虑的问题。虽然数字图书馆做到了对传统图书馆的有益补充，但同时也对传统图书馆提出了挑战。

将来的图书馆形态可能会是多样化的，其主体形态应该是复合图书馆。未来数字图书馆的创建不能完全脱离传统图书馆，不能舍弃旧的图书馆资源，而应该从复合图书馆的战略上进行定位设计，即要真正明白读者的需求是什么，满足读者需求的方式、方法都有哪些，如何更加有效地调配财力、人力和技术，保障复合图书馆的建设目标。这不仅是图书馆的生存之本，更是图书馆的发展之路。

要发展复合图书馆同样离不开新信息技术的支持，通过采用云计算中的并行计算技术、虚拟化技术和网格技术能够实现服务器的成本节约，并能实现规模较大的高速运算的云计算服务。

高校图书馆应该将复合图书馆作为一种基本的发展战略。在未来复合的数字信息资源环境下，图书馆是数字馆藏资源与印本馆藏资源的复合、到馆服务与网络服务的复合、物理馆舍与虚拟空间的复合。尽管数字图书馆非常先进，却不能取代物理图书馆的作用。同样，传统的物理图书馆只有通过数字图书馆才能得到进一步拓展和延伸。而正是由于用户需求的多样化，才使得两者相辅相成，相得益彰。

（四）　加强对新技术的开发创新

只有创新才能促进民族进步，促使国家兴旺发达，这不仅阐明了创新的历史意义，也提出了创新的现实要求。而创新的社会环境、知识经济时代也会对高校图书馆的工作提出新的要求，这表明创新才是图书馆事业持续发展的不竭动力。

由于新技术的高速发展，知识经济时代的到来，高校图书馆应该变革服务模式，重塑知识服务价值链，服务内容应以广大师生的知识需求为导向，进行数据信息资源的深加工服务，将数字信息资源提供式的传递服务向数据信息资源知识重组的创新式服务方式转变。同时，应分析师生知识信息需求特点，提供个性化知识服务。个性化知识服务可根据师生的个性特点提供该学科领域中最前沿的、新颖的和有效的知识信息。这是对高校图书馆服务提出的创新要求，也是高校图书馆工作的开展方向。

技术创新要以知识创新为核心内容。高校图书馆新技术的开发创新可以通过以下方式进行，创建虚拟图书馆，使得高校师生获取全球范围内的信息资源共享；创建数字图书馆，为师生提供最新更丰富的电子资源；为广大师生提供简洁集成化的信息搜索界面，使师生足不出户，就可以访问各种信息资源系统，实现信息资源的虚拟化、网络化、全球化；创建数字化信息资源虚拟中心和网络化服务平台，真正实现新技术环境下高校图书馆创新服务方式的职能。

注重 WAP 网站功能的开发创新。WAP 网站的交互性是高校图书馆向用户提供移动服务的方式之一。目前，Web3.0 在高校图书馆的应用，可以向读者推送个性化定制的内容和信息，提供"我的手机图书馆"等服务；高校图书馆在整合已有的数字资源基础上，全面提升移动数字图书馆服务，除为读者提供书目检索外，还可查询其他数据库内容，包括已购买的数据资源和自建数字资源；随着 5G 智能手机的应用，手机用户数量已经超过电脑用户数量，通过手机或专用手持阅读器访问数字资源必将成为未来图书馆用户的主要阅读方式。网站通过为读者提供电子书阅读，会大大扩大读者的使用范围，使现有的数字图书馆发挥更大的作用。

注重新技术应用系统的开发创新。Android 和苹果 IOS 是近几年发展最快的移动终端系统。在此操作系统上提供阅读或搜索应用程序已成为国内外图书馆的发展趋势。虽然应用程序和 WAP 网站相比具有多方面的优势，但开发应用程序，需要较高的技术水准，国内大部分高校图书馆自主研发具有一定难度。高校图书馆可以在全面规划的基础上，采取与软件公司合作开发的方法进行应用程序的开发。

由于在引进应用国外新信息技术产品的时候，核心技术往往被国外所控制，国内很难掌握到新技术的核心技术，这样会使我们处于被动局面，往往严重受制于人。因此，要突破目前的这种状况，我国图书馆应加大核心技术、关键技术的自主研发与新技术的创新力度。只有创新，才能使高校图书馆真正适应新环境、新技术和新任务满足不断发展的需要。

（五）提升馆员的信息素养和职业技能

当前，新信息技术环境下的高校图书馆由于受到社会上许多信息服务机构的影响，已丧失信息服务的优势地位。因此，高校图书馆要想提高竞争力，必须转变服务理念，更新传统的服务模式，把师生需求作为高校图书馆服务的第一要务，加大新技术人员的引进和培训力度，调整各个部门的人员分配，把具有高素质、高水平的馆员放到图书馆岗位的第一线，并为师生提供一流的信息资源服务。随着新技术的发展日新月异，对图书馆馆员的服务水平产生了巨大挑战，促使馆员的技术水平与服务水平与时俱进，不断更新。因为只有每日都把学习新技术当作日常工作来做，才能适应时代的发展要求。

1. 加强馆员技能培训，提高馆员业务素质

影响高校图书馆服务的因素很多，其中人的因素起决定作用，即馆员的能力在很大程度上决定了高校图书馆服务的最终水平。同时，用户需求和行为的千变万化、知识管理与知识服务及新型设备与技术应用等对高校馆员的能力提出了挑战。

新技术环境下，高校图书馆需要综合型知识管理人才和具有专业知识的特殊人才。图书馆馆员已经不再是传统意义上的图书馆馆员，而是担当着信息向导、信息管理者、信息顾问、系统专家等多种角色。这就需要馆员利用互联网为师生提供信息服务，需要具有网络、数据库、计算机、图书情报、外语等各种知识。因此，对图书馆馆员应进行计算机、网络、外语、图书情报等知识的培训，使在岗人员具备基本岗位技能。

综上所述，高校图书馆有责任根据不同岗位馆员的能力构成和特点，提出适应新技术环境发展需要的任职资格和能力要求，制订连续性的员工引进和技术培训计划，开展制度化的继续教育，建立良好的学术研究环境，并通过多种措施为馆员创造学习条件，充实人才队伍，保障馆员在新技术环境下不断提升创新工作

能力，提高自身学术水平。

2. 加强馆员素养培训，提高馆员服务创新能力

由于多种新技术广泛渗透于高校图书馆的各个具体工作中，图书馆馆员要想更好地为广大师生服务，就需要馆员具备多种职业技能，对数据信息资源的组织获取及发布和信息的共享及网络协作和互动等多种技术熟练掌握。新技术环境下的信息服务要求馆员应该既具有系统的信息管理学及图书馆学的专业知识和基本理论知识，又要具有一定的现代化信息技术水平，并且需要不断学习更新知识结构，追求精诚合作、无私奉献的职业精神，树立服务至上的理念，从而逐渐提高自身职业素养。

高校图书馆要求注重馆员更加重视与读者交流的机会，历练和养成提供优质服务的能力，使之形成更加全面、合理的能力结构。同时，馆员除了应当具有运用新技术手段收集整理和开发利用文献信息资源、运用语言文字的能力之外，还特别需要具备沟通交流的能力，以及发现和满足师生不断发展变化的数据信息需求的能力。这样才能更好地提升高校图书馆馆员的文化素养，使高校图书馆的信息资源中心充分发挥作用。

参考文献

[1]李平,张旭芳,陈家欣.数字化档案管理与图书馆资源建设[M].长春:吉林人民出版社,2022.

[2]孙振强,刘慧.图书馆特设资源建设研究[M].北京:北京工业大学出版社,2022.

[3]刘淑玲.图书馆管理与资源开发建设[M].长春:吉林出版集团股份有限公司,2022.

[4]张永清.图书馆信息资源建设与服务研究[M].长春:吉林人民出版社,2022.

[5]李敏.图书馆特色资源建设与古籍开发研究[M].北京:群言出版社,2022.

[6]王欢.高校图书馆信息资源建设与实践[M].长春:吉林大学出版社,2022.

[7]李伶.图书馆管理与资源开发建设研究[M].长春:吉林出版集团股份有限公司,2022.

[8]褚倩倩.现代图书馆文献信息资源建设与利用研究[M].昆明:云南科技出版社,2022.

[9]李云江.高校图书馆文献信息资源建设及运用研究[M].北京:九州出版社,2022.

[10]杨敏.互联网时代图书馆学科资源建设与学科服务模式研究[M].青岛:中国海洋大学出版社,2022.

[11]李一,吴冠冠,孟文辉.现代图书馆信息资源建设与管理研究[M].北京:线装书局,2022.

[12]张孝飞,彭梅,李春红.图书馆信息资源建设与服务艺术探究[M].上海:上海交通大学出版社,2022.

[13]杨莉萍,高睿鹏,杨凡.现代图书馆信息资源建设与信息服务研究[M].上海:上海交通大学出版社,2022.

[14]成胤钟. 图书馆文献资源检索与利用研究[M]. 哈尔滨：北方文艺出版社，2022.

[15]魏奎巍. 图书馆信息化建设与服务创新研究[M]. 长春：吉林出版集团股份有限公司，2022.

[16]罗颖. 图书馆管理与数字化建设研究[M]. 长春：吉林出版集团股份有限公司，2022.

[17]赵丽琴. 信息技术支持下图书馆资源利用与服务创新研究[M]. 长春：吉林科学技术出版社，2022.

[18]马蓉，胡琬坤，杨丽杰. 图书馆管理与阅读服务[M]. 长春：吉林人民出版社，2021.

[19]王秀琴，郑芙玉，浮肖肖. 高校图书馆管理创新研究[M]. 长春：吉林人民出版社，2021.

[20]谷慧宇. 图书馆管理的创新方法研究[M]. 延吉：延边大学出版社，2021.

[21]高莉. 图书馆管理与档案资源建设[M]. 长春：吉林人民出版社，2021.

[22]李蕾，徐莉. 图书馆管理策略与阅读服务创新研究[M]. 长春：吉林人民出版社，2021.

[23]张骏毅，张奎莲，廖紫莹. 科学化图书馆管理与阅读推广[M]. 长春：吉林人民出版社，2021.

[24]高伟. 图书馆建设与阅读服务管理[M]. 长春：吉林人民出版社，2021.

[25]郝敏. 医院图书馆的建设与管理研究[M]. 长春：吉林人民出版社，2021.

[26]刘庆娜. 图书馆公共服务与信息化管理[M]. 长春：吉林人民出版社，2021.

[27]赵吉文，李斌，朱瑞萍. 数字图书馆建设与档案管理[M]. 汕头：汕头大学出版社，2021.

[28]陈长英. 高校图书馆创新建设与管理[M]. 长春：吉林出版集团股份有限公司，2021.

[29]宋菲，张新杰，郭松竹. 图书馆资源建设管理与阅读服务研究[M]. 长春：吉林人民出版社，2021.

[30]常鸿雁. 图书馆建设管理与发展创新研究[M]. 北京：北京工业大学出版社，2021.

[31]唐敏. 基于网络化发展下图书馆信息管理可视化研究[M]. 哈尔滨：黑龙江教

育出版社, 2021.

[32] 朱毅曼, 陈莹. 高校图书馆信息资源管理与建设研究[M]. 长春: 吉林人民出版社, 2021.

[33] 王秀文, 于丽娜, 孙悦. 高校图书馆读者服务与档案管理探索[M]. 长春: 吉林科学技术出版社, 2021.